RECUEIL

DE PLANCHES,

S U R

LES SCIENCES,

LES ARTS LIBÉRAUX,

E T

LES ARTS MÉCHANIQUES,

AVEC LEUR EXPLICATION.

ART DE L'ESCRIME

A PARIS,

AVEC APPROBATION ET PRIVILEGE DU ROY.

ESCRIME,

CONTENANT QUATORZE PLANCHES.

CEt art eft entierement tiré d'un traité d'*efcrime* publié récemment à Londres par M. Angelo. Nous lui devons le difcours & les Planches. Si nous euffions connu quelque chofe de plus parfait en ce genre, nous nous en ferions fervis. Ce qui nous convient, nous le prenons partout où nous le trouvons; en revanche nous abandonnons notre travail à ceux qui voudront en difpofer utilement.

Dès que les Goths eurent introduit la coutume des combats finguliers, il devint d'une néceffité indifpenfable de favoir manier les armes. On en fit un art qu'on foumit à des regles, & il s'établit des académies où l'on inftruifit la jeuneffe de la maniere d'attaquer & de fe défendre.

L'épée, qui a remplacé chez les modernes les armes anciennes, a fait naître le jeu de la pointe. C'eft ce qu'on appelle l'efcrime; elle fait avec raifon partie de l'éducation d'un jeune homme de famille, lui infpire de la confiance & du courage, lui donne de la force, lui donne de la grace, de l'agilité, de l'adreffe, & le difpofe en même tems à toutes fortes d'exercices.

Cet art, dont on a porté la pratique à un fi haut degré de perfection, eft encore dans l'enfance par rapport à la théorie. Plufieurs maîtres françois & italiens ont publié quelques réflexions fur cette matiere, mais ils ne fe font pas affez étendus fur ce qu'elle a d'intéreffant. C'eft ce qui a engagé M. Angelo à compofer fon cours d'efcrime, & à le donner au public.

Il y explique, d'une maniere fimple & claire, les principes & les règles de l'art de faire des armes; il donne un détail circonftancié des différentes attitudes du corps & des divers mouvemens de la main, des bras, des jambes; il y ajoute des réflexions & des recherches, au moyen defquelles la théorie & la pratique s'éclairant mutuellement, montrent l'art dans fes effets. Voilà l'idée de fon livre.

Maniere de monter une épée.

Lorfqu'on fait monter une épée, il ne faut pas faire limer la foie de la lame; car c'eft de cette partie que dépend la fermeté d'une épée. Si la foie fe trouvoit plus groffe qu'à l'ordinaire, il faudroit faire ouvrir & limer le dedans du corps de la garde & du trou du pommeau, & enfoncer avec un marteau des écliffes de bois dans les vuides de la monture de l'épée; le pommeau & le bouton doivent être de deux pieces. Ledit bouton doit entrer à vis dans le pommeau & faire cinq tours de foie qui doit paffer à-travers le bouton. Battre le bout de la foie avec un marteau, la réduire en pointe de diamant fans fe fervir de lime. Cette méthode eft la meilleure; je la recommande à tout homme d'épée. Elle eft auffi très-utile pour les fabres ou demi-efpadons. Il faut auffi que la garde de l'épée porte jufte fur l'affiette du talon de la lame, laquelle doit baiffer un peu fur les doigts de la main, & le corps de la garde doit être tourné un peu en quarte. Cette maniere de monter une épée donne de la facilité pour dégager, & de la liberté pour tirer les coups d'armes.

Du choix d'une lame d'épée & de fa longueur.

Il paroît néceffaire, avant de donner les regles de fe fervir d'une épée, d'enfeigner non feulement la maniere de la bien monter, mais auffi celle de choifir une lame; car avec une mauvaife épée dans la main, quelque courageux & adroit que l'on foit, on court rifque de fe trouver dans un grand embarras. Les uns fe fervent de lame plate & les autres de lame vuidée. Quelque foin que l'on prenne pour bien monter une lame plate & de donner affez de pefanteur à la garde pour rendre la pointe légere, on la trouvera toujours pefante à la main.

Conféquemment il eft difficile de faire les opérations qui dépendent de la pointe. Je confeillerai de choifir une lame plate pour l'armée, foit à pié foit à cheval; & pour une affaire particuliere, une lame vuidée tant à caufe de la légereté que de la facilité qu'on a à la manier & à s'en fervir.

On doit proportionner fon épée à fa taille, & la plus longue ne doit pas excéder la longueur de 38 pouces, depuis le bouton du pommeau jufqu'à la pointe. C'eft une erreur de croire qu'il y ait de l'avantage à fe fervir d'une longue épée, puifque fi un adverfaire déterminé & adroit gagne le fer, en ferrant la mefure, il feroit très-difficile avec une longue épée de débarraffer fa pointe fans racourcir le bras; & dans ce tems-là celui qui auroit une épée courte auroit l'avantage & feroit en état d'en profiter.

Il faut faire attention en choififfant une lame, qu'il n'y ait aucune paille. Les pailles reffemblent à des petites taches noires & font creufes. Les unes fe trouvent en travers de la lame & d'autres en long. Les premieres font caffer les lames le plus aifément.

On juge de la trempe d'une lame par le pli qu'elle fait, lorfqu'on appuie la pointe contre une porte ou contre un mur. C'eft un grand défaut lorfqu'elle plie vers la pointe. Une bonne lame doit former un demi-cercle depuis la pointe jufqu'à peu près un pié de la garde & fe remettre d'elle-même fans être fauffée. Si elle refte un peu fauffée, c'eft une marque que la trempe eft trop douce. Quoique ce foit un défaut, ces lames fe caffent rarement.

Celles qui ne plient pas du-tout ou qu'on a beaucoup de peine à faire plier, font ordinairement d'une trempe aigre & fe caffent aifément.

Pour connoître le fort & le foible de la lame.

Il n'y a qu'un fort & qu'un foible dans la lame d'une épée, tant au-dedans qu'au-dehors des armes. Le fort eft le tranchant de la lame depuis la garde jufqu'au milieu où le foible commence, qui finit à la pointe. On ne peut trop s'appliquer à bien connoître le fort & le foible d'une épée, puifque c'eft de ces deux articles que dépend l'exécution de tous les faits d'armes.

PLANCHE Iere.

Premiere pofition pour tirer l'épée.

Fig. 1. Il faut être droit fur fes jambes, effacer le corps, avoir la tête haute & aifée, regarder en face fon adverfaire, tenir le bras droit pendant le long de la cuiffe droite, le bras gauche un peu plié le long de la hanche gauche, le talon gauche près de la pointe du pié droit, la pointe du pié droit fur la ligne du genou, & de l'adverfaire, & de la main gauche tenant l'épée à l'endroit du crochet, fe préfenter pour la tirer.

Dans cette pofition, fixant les yeux fur fon adverfaire, il faut arrondir le bras droit, le lever à la hauteur de l'épaule, porter la main fur la poignée de l'épée, la ferrer bien près avec les quatre doigts & le pouce, tourner les ongles du côté de la ceinture, tirer l'épée en hauffant la main fur la ligne de l'épaule gauche, faire un demi-cercle de la lame par-deffus la tête & avec vivacité, préfenter la pointe vis-à-vis de fon adverfaire. La pointe de l'épée ne doit pas être plus haute que fon vifage, ni plus baffe que la derniere côte; tenant le bras tendu, fans roideur dans le coude & dans le poignet, en préfentant ainfi la pointe, il faut lever le bras gauche en demi-cercle à la hauteur de l'oreille, & bien effacer l'épaule gauche, afin que le corps foit exactement de profil, chofe à laquelle on doit faire grande attention.

Position pour la garde en quarte.

Fig. 2. Pour bien exécuter cette position, il faut plier le genou gauche, porter le pié en arriere à la distance de deux femelles, poser le talon gauche fur la ligne du talon droit, & tenir la pointe du pié fur la ligne perpendiculaire du genou. Il faut obferver que le pli qu'on fait faire à cette partie, ne doit pas l'empêcher de fupporter le poids du corps fans être gêné; & afin d'être bien ferme & éloigné de la pointe de l'épée de l'adverfaire, il faut auffi plier un peu le genou droit; car s'il étoit trop plié, le corps feroit fur le devant, & s'il ne l'étoit pas du tout, la jambe ni la cuiffe ne feroient pas flexibles, & on n'auroit aucune force ni vivacité pour s'allonger & tirer une botte, ni aucune agilité pour avancer & reculer.

La garde en quarte eft la plus avantageufe & la plus brillante des armes. Il y a dans cet exercice cinq pofitions différentes du poignet, offenfives & défenfives; qui font, la prime, la feconde, la tierce, la quarte, & la quinte.

Les deux principales font la tierce & la quarte, d'où dérivent la quarte fur les armes, la quarte baffe & la flanconnade.

Il y a dans les armes trois côtés, le dedans, le dehors & le deffous des armes.

Le dedans des armes contient toute la poitrine depuis l'épaule droite jufqu'à l'épaule gauche.

Le dehors des armes contient tous les coups qu'on tire au-deffus du poignet, & en-dehors du bras.

Le deffous des armes contient tous les coups que l'on tire deffous le poignet, tout le long du bras depuis l'aiffelle jufqu'à la hanche.

La quarte au-dedans des armes doit être tirée en tenant les ongles en-deffus & le tranchant de l'épée un peu plus élevé que celui du dehors.

La tierce doit être tirée au-dehors des armes, en tenant les ongles en-deffous, & les tranchans de l'épée à égale hauteur.

La prime doit être tirée au-dedans des armes en tenant les ongles en deffous, & les tranchans de l'épée à égale hauteur.

La quarte au dehors des armes, ou fur les armes, doit être tirée en tenant les ongles en-deffus, & les tranchans de l'épée à égale hauteur.

La quarte baffe doit être tirée par-deffous le poignet, en tenant les tranchans de l'épée de même qu'à la quarte au-dedans des armes.

La feconde doit être tirée par-deffous le poignet, & tenant les ongles en-deffous & les tranchans de l'épée à égale hauteur.

La quinte doit être tirée les ongles en deffus; il faut diriger la pointe au-dehors du poignet & par-deffous le coude, & tenir les tranchans de l'épée à égale hauteur.

La flanconnade doit être tirée du dedans au dehors des armes, en liant l'épée derriere le poignet de l'adverfaire & par-deffous fon coude, en tenant les ongles en-deffus.

Pour ferrer & rompre la mefure.

Pour revenir à la pofition de la garde, il eft néceffaire qu'on fache la maniere de ferrer & rompre la mefure.

On appelle *ferrer la mefure*, avancer fur fon adverfaire, lorfqu'on voit qu'il eft trop éloigné de la pointe de l'épée.

Rompre la mefure, c'eft reculer lorfque la pointe de fon épée eft trop près du corps.

Pour bien ferrer la mefure & avancer fur fon adverfaire fans déranger nullement la pofition de la garde, il faut lever le pié droit à rez-terre, l'avancer d'une femelle fur la ligne du talon gauche, plier un peu le genou droit, & fitôt qu'on aura appuyé le pié ferme à terre, faire fuivre le pié gauche en le levant auffi à rez-terre, bien plier le genou gauche & foutenir le corps fur la partie gauche.

Pour bien rompre la mefure, il faut reculer le pié gauche, le faire fuivre du pié droit, en confervant toujours la diftance de deux femelles d'un talon à l'autre, & fur-tout ne pas perdre l'à-plomb de fa garde; car fi on dérangeoit fes piés, le corps ne feroit plus ferme & le poignet ne feroit plus en état d'exécuter l'intention.

On ferre auffi la mefure en paffant le pié gauche à côté du pié droit, on le rompt en paffant le pié droit à côté du pié gauche; on peut auffi rompre la mefure en fautant des deux piés en arriere: mais quoique cette derniere méthode foit ufitée, on ne confeille à perfonne de s'en fervir que fur un terrein extrêmement uni.

Pofition pour la garde en tierce.

Fig. 3. Pour exécuter la tierce (comme on l'a expliqué ci-devant), il faut tourner les ongles en-deffous, & pour la quarte les tourner en-deffus. Alors engageant l'épée de l'adverfaire, c'eft-à-dire touchant fa lame, il faut exécuter des dégagemens qui fe font en changeant la pofition de la main & de la pointe, au-dedans ou au dehors des armes. Deforte que fi la main eft tournée en quarte & qu'on engage la lame de l'adverfaire au-dedans des armes en quarte, il faut par un mouvement du poignet baiffer fubtilement la pointe de l'épée bien près de fa lame, en tournant les ongles en-deffous & dégager l'épée en tierce. Etant en tierce, il faut baiffer fubtilement la pointe, tourner les ongles en-deffus, & dégager en quarte. Il faut de cette maniere changer fouvent les dégagemens & de pié ferme, jufqu'à ce que l'adverfaire rompe la mefure; alors dégager & avancer fur lui en fentant fon épée, & tenant toujours la pointe dans la ligne du corps, fans altérer nullement la pofition de la garde.

Après qu'on aura dégagé & avancé fur lui dans ces deux pofitions, il faut rompre la mefure; & chaque fois qu'il dégagera & avancera, tourner le poignet à la pofition où l'on fera engagé. Cela apprend à bien former ces parades dans lefquelles le poignet feul doit agir. Il faut auffi tâcher d'oppofer à l'épée de fon adverfaire affez pour couvrir la partie qu'il attaque, & obferver en couvrant le dedans des armes, de ne pas découvrir le dehors ni le deffous.

Pofition pour la garde en quarte & le coup de quarte.

Fig. 4. Pour bien tirer la quarte, il faut faire trois mouvemens du poignet dans un feul tems, tourner les doigts en-deffus, élever le poignet & l'oppofer; dans ces mêmes trois tems tendre le bras, tenir le poignet plus haut que la tête, & baiffer la pointe au corps de fon adverfaire. Dans cette pofition, en allongeant le bras, avancer le pié droit de deux femelles de plus que la garde pour s'étendre, le talon & le genou doivent être fur une ligne perpendiculaire, la pointe du pié vis-à-vis la pointe du genou, & le talon droit fur la ligne du talon gauche. Dans cette attitude tenir le pié gauche bien ferme, la femelle tout-à-fait pofée à terre, fans remuer ni la pointe ni le talon; & dans le tems que la main part pour tirer la botte, le pié droit doit fuivre la main: il faut auffi foutenir le corps, tendre le genou gauche & laiffer tomber le bras gauche fur la ligne de la cuiffe gauche, à un pié de diftance, préfentant la paume de la main fans écarter les doigts. On doit obferver que toutes les fois que la main droite eft tournée en quarte, la main gauche doit l'être de même. La main doit abfolument partir la premiere, & la pointe de l'épée doit toucher le corps de l'adverfaire, avant que le pié droit pofe à terre. Pour tirer adroitement cette botte, lorfque la main part, toutes les parties doivent fuivre avec la même vivacité, en obfervant toujours que le corps foit bien foutenu, la tête bien élevée, le côté gauche depuis la hanche bien cavé, les épaules libres & le poignet oppofé à l'épée, de façon que le pommeau fe trouve dans la ligne directe de la tempe gauche pour n'être pas expofé à recevoir de l'adverfaire le même coup au vifage; ce qui pourroit arriver fans cette oppofition. Le coup tiré, fe remettre promptement en garde l'épée devant foi. On ne peut trop s'appliquer à bien tirer cette botte, puifqu'elle eft la plus brillante & la principale des armes.

PLANCHE II.

Position pour la garde en tierce & le coup de tierce.

Fig. 5. Pour tirer la tierce, il faut tourner les ongles en deffous, tenir le poignet à la hauteur de la quarte; couvrir fa tête par l'oppofition du poignet, fans cependant avoir le bras ni le poignet vis-à-vis du vifagé; le dedans du bras fur la ligne de la tempe droite, le bras gauche bien tendu & le dedans de la main tourné vis-à-vis le haut de la cuiffe à-peu-près à un pié de diftance; obferver auffi que toutes les fois que la main droite fera tournée les ongles en deffous, la paume de la main gauche doit fe trouver vis-à-vis le dehors de la cuiffe.

Il y a des perfonnes qui tirent le poignet fur la ligne de l'épaule, & qui, pour fe couvrir le vifage en tierce, baiffent la tête, & en quarte couchent l'oreille droite fur l'épaule. Non-feulement elles ne peuvent voir fixer la pointe de leur épée, mais auffi il eft impoffible qu'elles aient le coup d'œil fi jufte & fi néceffaire pour parer en cas de ripofte, leur tête étant toujours en mouvement pour fe mettre à couvert; & ne fachant pas que l'oppofition du poignet feul doit couvrir le vifage, elles portent encore tout le corps en avant à chaque botte qu'elles tirent, puifque leur côté droit fe trouve extrêmement cavé. Deforte que leur corps n'étant plus d'à-plomb, elles tirent leur coup avec beaucoup de roideur, conféquemment elles ont beaucoup de difficulté pour fe remettre en garde, s'étant abandonnées fur le devant, & font fort expofées à la pointe de leur adverfaire.

Position pour la garde de tierce & le coup de quarte fur les armes.

Fig. 6. Il faut tirer la quarte fur les armes fur la même ligne que la tierce, tourner le poignet en quarte, & plonger la pointe de l'épée au corps de l'adverfaire; le poignet ne doit être écarté, ni du dedans ni du dehors des armes: il faut auffi que le poignet & le pommeau de l'épée foient élevés & alignés à la tempe droite, tenir le pouce, l'ongle, & le plat de la lame fur une ligne horifontale; & les autres parties dans la pofition de la quarte.

Position de la garde de tierce & le coup de feconde.

Fig. 7. La feconde ne diffère de la tierce qu'en ce qu'on la tire par-deffous le poignet tout le long du coude, ainfi il faut engager l'épée en tierce, baiffer la pointe, tenant le poignet en tierce, & diriger la pointe de l'épée entre l'aiffelle & la mamelle droite de l'adverfaire; le corps doit être un peu plus bas que dans les coups ci-devant expliqués.

PLANCHE III.

Position pour la garde en quarte & le coup de quarte baffe.

Fig. 8. Pour bien exécuter la quarte baffe, il faut engager l'épée en quarte, baiffer la pointe par-deffous la ligne du coude de fon adverfaire, & en tirant le coup fixer non-feulement la pointe à fon flanc, mais encore porter le poignet & le pié droit à un pié en dehors de la ligne directe, fans tourner la pointe du pié ni en-dedans ni en-dehors, former un angle du poignet à la lame, avoir le corps auffi bas que dans la feconde, & la main auffi haute que dans la pofition de la quarte fur les armes. De cette maniere, l'oppofition fera formée & le corps & le vifage feront à couvert.

Position de la garde en quarte & le coup de flanconnade.

Fig. 9. Pour bien tirer cette botte, il faut engager l'épée en quarte, & fixer la pointe de l'épée au flanc de fon adverfaire en liant fon épée, & la porter par-derriere fon poignet. Dans cette opération, il faut auffi gagner fon foible, & fans quitter fa lame, plonger la pointe par-deffous fon coude, ayant la main tournée en quarte, & en portant la pointe à fon flanc, former un angle du poignet à la pointe.

On doit obferver d'oppofer la main gauche par-deffous le bras droit, depuis le coude jufqu'au poignet, dans le tems qu'on détache la botte, & d'avoir la main ouverte & les doigts pendans pour éviter d'être touché, en cas qu'en parant la flanconnade, on tournât le poignet en tierce (ce qu'on appelle *cavé*). Dans la parade de ce coup, je donnerai l'explication de cette oppofition.

Le falut des armes tel qu'il eft ufité en falle avant de faire affaut.

Fig. 10. Le falut des armes eft une politeffe qui eft dûe aux fpectateurs, & réciproque entre ceux qui fe difpofent à faire affaut enfemble. Il eft d'ufage de faire le falut avant de commencer à tirer de part & d'autre. La bonne grace & l'aifance font abfolument néceffaires pour bien exécuter tous les mouvemens du falut.

Premiere pofition du falut.

Il faut fe mettre en garde en tierce, engager la lame de fon adverfaire au foible, faire trois attaques du pié droit, dont deux du talon, & la derniere du plat du pié; porter avec grace la main au chapeau, fans remuer la tête, qui doit être en face de l'adverfaire; & auffi-tôt que le chapeau eft ôté de deffus la tête, faire les mouvemens fuivans.

PLANCHE IV.

Seconde pofition du falut.

Fig. 11. Il faut paffer le pié droit derriere le pié gauche à-peu-près à la diftance d'une femelle, avoir les deux jarrêts tendus, le corps ferme & droit, la tête bien élevée, dans le même tems étendre bien le bras droit, tourner la main en quarte, la tenir à la hauteur de la tête fur la droite, autant qu'il eft poffible, & tenir la pointe de l'épée un peu baffe. Lorfqu'on paffe le pié droit derriere le pié gauche & qu'on tend le bras droit il faut baiffer & tendre le bras gauche, & tenir ferme le chapeau dans la main. Le dedans de la forme du chapeau doit-être tourné en-dehors, & être à la diftance d'environ deux piés de la cuiffe.

Troifieme pofition du falut.

Fig. 12. Lorfqu'on a falué à droite, il faut porter le poignet fur fa gauche, plier le coude & tenir la pointe de l'épée vis-à-vis l'épaule droite de fon adverfaire: toutes les autres parties du corps doivent être dans la même pofition ci-devant expliquée.

Quatrieme pofition du falut.

Fig. 13. Lorfqu'on a falué à gauche, il faut d'un air aifé tourner la main en tierce, tenir le bras & la pointe de l'épée droit au corps de fon adverfaire, dans le même tems fe mettre en garde en portant le pié gauche en arriere, à la diftance de deux femelles, remettre le chapeau fur fa tête en arrondiffant le bras gauche; & lorfqu'on quitte le chapeau, remettre la main gauche dans la meme pofition de la garde.

Cinquieme pofition du falut.

Fig. 14. Etant ainfi engagé dans la pofition de la garde en tierce, il faut répéter les trois attaques du pié, & en tendant les jarrêts paffer le pié gauche en avant la pointe en-dehors & le talon à deux pouces de diftance de la pointe du pié droit. Dans ce moment, il faut tendre les deux bras, tourner les deux mains, tenir le bras gauche à deux piés de diftance de la hanche gauche, le bras droit à la hauteur de l'œil droit, & la pointe de l'épée vis-à-vis de fon adverfaire. *Nota.* le dernier mouvement eft pour faluer l'adverfaire.

Après cette derniere attitude, il faut se remettre en garde dans telle position qu'on jugera à propos, soit pour attendre l'attaque, soit pour attaquer le premier.

Si l'on se trouvoit trop près de son adversaire, après avoir fait en avant la passe du pié gauche, il faudroit se remettre en garde en portant le pié gauche en arriere pour éviter un coup de surprise, & ne pas recevoir la premiere botte; car il est permis de tirer aussi-tôt qu'on est placé en garde, parce qu'il est probable qu'on est sur la défensive.

Les figures qui suivent, ont le fleuret à la main dans toutes les positions expliquées, afin que les jeunes gens apprennent à fixer la pointe de leur épée dans sa juste direction.

Dans l'exercice des armes, tout dépend d'un coup d'œil juste, de beaucoup de vivacité dans le poignet, d'une grande fermeté dans les parades, de bien soutenir son corps en tirant une botte, d'avoir le corps sur la partie gauche en parant, d'être bien libre dans toutes ses parties, de ne pas s'emporter ni s'abandonner, d'être ferme sur ses jambes, & de bien connoître la mesure de chaque mouvement. On ne parvient à la perfection de ce talent qu'à force de pratique sur le plastron & de tirer au mur. On donnera la méthode & l'explication à la suite.

Méthode pour rendre un écolier actif & ferme sur ses jambes, & lui apprendre à se placer après avoir tiré tierce & quarte.

On doit s'appliquer non-seulement à tirer toutes les bottes avec vivacité, mais aussi en détachant les coups faire mouvoir les jointures de toutes les parties du corps comme des ressorts. Il est essentiel de se remettre en garde avec autant de vivacité afin d'être en état de parer en cas de riposte. Pour cet effet, sitôt qu'on commence à tirer des bottes avec fermeté, au lieu de revenir dans la position de sa garde, il faut porter le pié droit près du pié gauche ou le pié gauche près du pié droit. Afin qu'un écolier exécute aisément ces positions, le maître d'armes doit l'aider de cette sorte jusqu'à ce qu'il soit assez délié pour les exécuter de lui-même.

On doit tirer la quarte sans toucher le plastron, & au lieu de se remettre en garde dans la position ordinaire, garder l'équilibre du corps, porter légérement & vivement la pointe du pié droit près du talon gauche, tenir le poignet droit & le bras gauche dans la position de la botte, le corps bien droit, la tête élevée, & les genoux bien tendus, comme on peut le voir à la quatorzieme Planche dans la cinquieme position du salut.

Le second mouvement est le plus difficile. Après avoir tiré la tierce, au-lieu de se remettre en garde, il faut porter le pié gauche en-avant sans roidir le genou ni le coup-de-pié. On doit faire ce mouvement avec aisance, afin de se trouver immédiatement droit sur ses jambes, & avoir le talon gauche près de la pointe du pié droit. Il faut se remettre en garde en portant en-avant le pié droit, ou en-arriere le pié gauche, & toujours observer de ne se remuer qu'un seul pié.

Le maître, afin d'aider son écolier, après qu'il s'est allongé, doit soutenir son poignet droit avec sa main gauche jusqu'à ce qu'il soit ferme & droit sur ses jambes. Cette méthode est la plus sûre pour faciliter un écolier à se remettre en garde avec légéreté & bonne grace. Cela le dispose à faire le mouvement des passes dont on donnera l'explication à la suite.

Il est nécessaire aussi, lorsqu'un écolier prend sa leçon au plastron, que le maître ait l'attention de retirer souvent le corps en-arriere dans le tems que l'écolier tire son coup. Il seroit dangereux pour lui par la suite que le maître lui laissât fixer sur son plastron le bouton de son fleuret à chaque botte qu'il tireroit. Il s'accoutumeroit à abandonner sa main & son corps; & au-lieu d'apprendre à diriger la pointe de son épée au corps de son adversaire, il tireroit ses coups sans regle de la ceinture en bas. Le danger à venir seroit d'autant plus grand pour l'écolier, qu'il ne pourroit pas se remettre en garde, ni parer en cas de riposte. Mais lorsqu'un maître fait souvent tirer à vuide son écolier dans le tems qu'il croit trouver de l'appui, il lui donne de l'aisan-ce pour tirer ses coups, & se remettre sur la défensive; & en le rendant attentif à soutenir son corps & sa main, il l'accoutume à porter la pointe de son épée à sa juste direction.

Les six bottes qu'on a expliquées ci-dessus peuvent être tirées non-seulement de la lame au corps de l'adversaire (ce qui ne doit former qu'un tems droit), mais après un battement d'épée par une attaque du pié, par un glissement d'épée, par un simple dégagement, ou par un dégagement avec l'attaque du pié.

Le battement d'épée se fait en engageant la lame soit en quarte, soit en tierce, ou quarte sur les armes. On la quitte d'environ quatre pouces, on la touche vivement, & on tire ferme & droit au corps.

L'attaque du pié se fait en levant le pié droit à deux pouces de terre, en le posant ferme, & on tire droit au corps.

Le glissement d'épée se fait en touchant ferme la lame de son adversaire. Il faut plier un peu le coude, élever la pointe de l'épée, gagner le foible de la lame en avançant le poignet d'environ un pié, pour déranger de la ligne la pointe de son épée, & lui tirer droit & ferme au corps.

Le simple dégagement se fait, lorsqu'on est engagé au-dedans, ou au-dehors des armes, en dégageant sans toucher l'épée de son adversaire. Le dégagement fait, lui tirer droit au corps.

Le dégagement avec l'attaque du pié se fait d'un seul tems; & dans le tems qu'on dégage, il faut joindre l'épée de son adversaire, en attaquant du pié, & tirer droit & ferme au corps. On observera que cette opération, quoique formée de deux tems, dont le premier est le dégagement avec l'attaque du pié, & le second est de tirer, doit être exécutée aussi vivement qu'on diroit à soi-même *une, deux.*

Des parades simples.

Chaque botte a sa parade & chaque parade sa riposte. La parade est la principale partie des armes. Pour être bon tireur, il ne suffit pas de se présenter de bonne grace, de tirer avec vivacité & justesse. Le grand point est de savoir se défendre, & parer les coups que l'adversaire tire. Lorsqu'on est maître de sa parade, on le lasse bientôt, & on trouve jour à le toucher. On doit donc s'appliquer à bien former ses parades, en tenant ferme son épée depuis la garde jusqu'à la pointe. Il faut que le corps soit bien effacé sur la partie gauche, & que le poignet & le coude agissent.

De la parade de quarte, au dedans des armes sur le coup de quarte.

Fig. 15. La parade de quarte, au dedans des armes, se forme par un mouvement sec du poignet avec le fort de la lame & le tranchant du dedans. Il faut effacer bien le corps, opposer le poignet d'environ quatre pouces sur la gauche, racourcir un peu le bras, & aussi-tôt après avoir paré, présenter la pointe de l'épée ferme vis-à-vis l'estomac de son adversaire, afin d'être prêt à la riposte.

PLANCHE V.

De la parade de tierce sur le coup de tierce.

Fig. 16. Pour parer le coup de tierce, il faut parer du tranchant du dedans, tendre bien le bras, opposer le poignet à la lame sans le déranger de la position de tierce, & baisser la pointe de l'épée au corps afin d'être en état de riposter droit en tierce.

On peut aussi parer le coup de tierce en pliant un peu le coude, soutenant bien son poignet, tenant la pointe de l'épée vis-à-vis l'épaule droite de son adversaire. De cette maniere, on est en état de riposter en seconde.

De la parade de quarte au dehors des armes sur le coup de quarte hors des armes.

Fig. 17. Pour parer le coup de quarte au dehors des armes,

armes, il faut oppofer le tranchant du dehors de la lame, tenir le poignet dans la pofition de la quarte au dehors des armes, tendre le bras, avoir la main fur la ligne de l'épaule droite, & toucher ferme la lame de fon adverfaire avec le talon de l'épée.

On pare auffi ce coup en raccourciffant le bras, en tenant le poignet un peu plus au dehors des armes & la pointe de l'épée plus haute. Le coup paré, il faut gliffer fur la lame du foible au fort. De cette maniere on écarte non-feulement la pointe de fon épée, mais auffi on peut la lui faire fauter de la main.

De la parade de feconde fur le coup de feconde.

Fig. 18. Il faut parer le coup de feconde avec le tranchant du dedans, & hauffer le poignet en feconde à la hauteur de l'épaule droite, tenir la pointe de l'épée baffe & bien foutenue du fort au foible, diriger la pointe entre l'aiffelle & la mamelle droite de fon adverfaire, & tendre le bras ferme pour déranger la pointe de fon épée.

PLANCHE VI.

De la parade du demi-cercle fur le coup de quarte baffe.

Fig. 19. La parade du demi-cercle doit être formée au dedans des armes par un coup ferme fur le foible de la lame de l'adverfaire, avec le tranchant du dedans & du fort de l'épée. Il faut tourner les ongles en deffus, tendre bien le bras, tenir le poignet à la hauteur du menton, & la pointe de l'épée baffe & foutenue du fort au foible.

De la parade du coup de flanconnade par le cavé, avec l'explication de la parade du même coup par un liement d'épée.

Fig. 20. Le cavé, eft une parade où il faut tourner vivement le poignet de quarte en tierce dans le tems que l'adverfaire gagne la lame du foible au fort, pour tirer la flanconnade, former un angle du poignet à la pointe; par ce moyen on évite la botte, & la pointe de l'épée fe trouve exactement dans la ligne du corps de l'adverfaire. On doit auffi obferver de bien tendre le bras, & de foutenir avec fermeté fa lame depuis le fort jufqu'à la pointe de fon épée.

Le liement d'épée fe fait auffi dans le tems qu'il tire le coup de flanconnade. Il faut céder la pointe fans quitter fa lame, enforte que la pointe forme un demi-cercle en paffant par-deffous fon poignet; & lorfque la parade fera formée, les deux poignets & lames fe trouveront dans la pofition de quarte, comme on étoit avant que le coup fût tiré, avec cette différence, que le poignet fe trouvera plus bas que dans la garde ordinaire.

De la parade de prime fur le coup de feconde.

Fig. 21. Pour parer de prime fur le coup de feconde, il faut paffer la pointe de l'épée par-deffus la lame de fon adverfaire dans le tems qu'il tire la feconde, la baiffer à fa ceinture, lever la main droite à la hauteur de la bouche, tourner les ongles tout-à-fait vers foi, tenir le coude plié & le corps bien en arriere, & dans cette pofition donner un coup ferme & fec fur la lame en parant du fort de l'épée & du tranchant du dehors.

Il faut, en parant de prime, oppofer la main gauche, comme il eft expliqué dans le coup de flanconnade, ou fortir de la ligne.

L'oppofition de la main gauche fe fait, quand on pare, en ferrant la mefure & pour éviter la pointe de l'épée de l'adverfaire, en cas qu'on veuille ripofter fur la même ligne.

Sortir de la ligne fe fait dans le même tems qu'on pare fon coup. Ainfi dans ce tems il faut porter le pié droit à plat & ferme à fix pouces fur la droite, & faire fuivre le pié gauche du même côté d'environ un pié étant plus éloigné du centre. Selon mon avis cette derniere opération eft préférable à l'oppofition de la main gauche. Comme elle eft pratiquée dans plufieurs académies, fur-tout celles d'Italie, on a jugé à propos d'en donner l'explication.

La raifon pour laquelle on préfere la derniere à la pre-

N. 5. Efcrime.

miere, eft parce que les pointes des deux épées fe trouvent baffes & au dedans des armes. Il vaut mieux fortir de la ligne pour faire fa ripofte, puifqu'on voit à découvert toute la partie gauche de l'adverfaire.

PLANCHE VII.

De la parade de quinte fur le coup de quinte.

Fig. 22. On tire le coup de quinte, en trompant la parade du demi-cercle, ou de prime & tenant la main en quarte; il faut dégager la pointe de l'épée par-deffus la lame de fon adverfaire dans le tems qu'il pare du demi-cercle, de prime, & lui tirer au flanc.

On pare ce coup en tenant la main en quarte, le poignet élevé & la pointe baffe, en oppofant le même fort du tranchant du dehors en écartant fa pointe par la fermeté du poignet, en foutenant bien la lame du fort au foible, & ayant le bras bien tendu, & le corps porté fur fa partie gauche.

Explication des différentes bottes qu'on peut parer avec la même parade outre celles qui font expliquées.

Toutes les parades en général fe font de pié ferme en avançant, ou reculant. Avec la parade de quarte on pare, en baiffant le poignet, la quarte baffe & la feconde: en le hauffant, on pare les coupés fur pointe au dedans des armes, & la flanconnade. Avec la parade de tierce, on pare la quarte au dehors des armes; en hauffant le poignet, on pare les coupés fur pointe tirés en tierce, ou en quarte au dehors des armes. Avec la parade de quarte au dehors des armes, on pare la tierce. En hauffant le poignet, on pare lefdits coupés fur pointe. Avec la parade de feconde, on pare tous les coups de deffous le poignet foit de quinte foit de quarte baffe ou de flanconnade, en tenant le poignet haut & la pointe de l'épée à la ceinture. Avec la parade du demi-cercle on pare la quarte, la tierce, la quarte hors des armes, & la feconde. Avec la parade de prime, on pare la quarte, la quarte baffe & la feconde. Avec la parade de quinte, on pare la feconde & la flanconnade.

Obfervations fur les parades.

Une parade eft d'autant plus néceffaire, lorfqu'elle eft bien formée & à propos, qu'elle eft auffi dangereufe, lorfqu'elle eft exécutée fans jugement & qu'elle eft écartée. La parade eft une défenfe qui empêche d'être touché. Ainfi on doit obferver, en défendant le côté par où l'on eft attaqué, de ne pas donner un plus grand jour à fon adverfaire, qui trouvant plus d'aifance, pourroit en profiter. Pour cet effet, il ne faut pas s'étonner des différens mouvemens qu'il pourroit faire foit du corps, foit des piés ou de la pointe de fon épée. Il n'eft pas douteux qu'on a un grand avantage en le forçant à fe défendre, puifque dans ce tems-là il lui eft impoffible d'attaquer. Alors on eft en état de profiter du plus grand jour qu'il peut donner par ignorance, ou par inadvertance; mais auffi il eft certain que l'avantage eft plus grand de lui ripofter, fi l'on fouffre l'attaque, lorfqu'on eft en état de parer fuivant les regles des armes.

De la ripofte après la parade.

Chaque parade a fa ripofte. On eft regardé comme bon tireur d'armes, lorfqu'on pare avec jugement & qu'on ripofte avec vivacité & juftefse. Il y a dans les armes deux manieres de ripofter, l'une dans le tems que l'adverfaire tire fon coup, & l'autre dans le tems qu'il fe remet en garde. La premiere ne convient qu'à ceux qui font bien formés dans l'exercice des armes, car elle exige beaucoup de précifion, un coup-d'œil jufte, & une parade ferme & feche, puifque l'adverfaire, qui n'a pas fini fon coup, doit recevoir la ripofte au corps, ce qu'on appelle en fait d'armes *ripofter de la main.*

La feconde qui eft la ripofte dans le tems qu'il fe remet en garde, après avoir tiré fa botte, fe fait en le touchant au corps avant que fon pié droit pofé à terre, lorfqu'il fe remet en garde. Pour la bien exécuter, il faut la faire en s'allongeant avec vivacité.

B

La ripofte, qu'on appelle *ripofte de la main*, doit toucher au corps de l'adverfaire dans le tems qu'il s'allonge en tirant fon coup. Cette maniere de ripofter doit être exécutée avec la plus grande vivacité. Pour réuffir il faut que les deux piés foient fermes, & après avoir paré féchement du talon de l'épée, on doit auffi-tôt tendre le bras, avancer un peu le corps, & être attentif avec le poignet feul de diriger la pointe de l'épée à fon corps, comme on le peut voir aux figures 24, 26 & 27.

De la ripofte de quarte après la parade de quarte.

Fig. 23. Dans le tems que l'adverfaire tire le coup de quarte, auffi-tôt après l'avoir paré du fort de la lame, il faut ripofter un coup de quarte, en faifant partir la main la premiere, & fe remettre promtement en garde dans la même pofition, fuivant les regles expliquées.

On peut auffi ripofter en quarte baffe dans le tems qu'il fe remet en garde, pour peu qu'il hauffe fa main, & après avoir fait la ripofte, fe remettre en garde en tierce, au-dehors des armes ou en demi-cercle.

De la ripofte en tierce fur le coup de tierce.

Fig. 24. Dans le tems qu'on pare la tierce en tendant le bras & baiffant la pointe de l'épée au corps de l'adverfaire, il faut lui ripofter le coup de tierce, la main tournée en tierce & le poignet cavé, faire en-forte que la main parte la premiere en foutenant fon épée depuis le fort jufqu'à la pointe, puis fe remettre en garde en prime, ou en demi-cercle. On peut auffi ripofter en feconde, & fe remettre en garde en feconde, en tierce ou en demi-cercle.

PLANCHE VIII.

De la ripofte en feconde après avoir paré la quarte fur les armes.

Fig. 25. Après avoir paré la quarte fur les armes, on peut ripofter la même botte, en tenant la main les ongles en-deffus & le tranchant de l'épée tourné du même côté, plonger la pointe au corps & fe remettre en garde en demi-cercle.

Si on ripofte en feconde, il faut, auffi-tôt après avoir paré la quarte fur les armes, baiffer la pointe de l'épée & la diriger au corps de l'adverfaire par-deffous fon coude, cette ripofte étant plus aifée à faire que la premiere expliquée ci-devant. La ripofte faite, fe remettre en garde en feconde, en tierce ou en demi-cercle.

De la ripofte en quinte fur le coup de feconde.

Fig. 26. Après avoir paré le coup de feconde avec la parade de quinte, il faut ripofter en quinte; fi on la pare de feconde, il faut ripofter en feconde, & fe remettre en garde, en tenant le poignet dans la même pofition d'où l'on eft parti, & revenir à l'épée en quarte, fans quitter la lame.

De la ripofte du cavé fur le coup de flanconnade à ceux qui n'oppofent pas de la main gauche.

Fig. 27. Dans le tems que l'adverfaire tire le coup de flanconnade, il faut le parer en tournant la main en tierce, & foutenir la pointe de l'épée à fon corps (ce qu'on appelle *cavé*). On ne doit jamais partir du pié en faifant cette ripofte, mais feulement avancer un peu le corps, & tendre le jarret gauche. L'angle que l'on fait du poignet à la pointe en cavant, fuffit pour parer le coup & ripofter. Le coup achevé, il faut revenir à l'épée, foit en prime, ou en demi-cercle.

Si on pare le coup de flanconnade en liant l'épée, comme on l'a expliqué dans fa parade, on peut ripofter tout droit en quarte, ou dans le tems que l'adverfaire fe remet en garde; pour peu qu'il cede fa pointe, on peut faire la ripofte en flanconnade; & s'il hauffe fon poignet & fa pointe, ripofter en quarte baffe & joindre fon épée en parant du cercle.

PLANCHE IX.

De la ripofte de prime fur le coup de feconde, ou de quarte baffe.

Fig. 28. Auffi-tôt après avoir paré de prime le coup de feconde, ou de quarte baffe, en fortant de la ligne & fe portant fur la droite comme on la expliqué dans fa parade, il faut ripofter en prime, tenant la main fur la ligne de l'épaule gauche, afin de fe trouver par cette oppofition le corps & le vifage à couvert, & fe remettre en garde dans la pofition de prime, ou du demi-cercle.

De la parade du contre-dégagement.

On forme cette parade dans le tems que l'adverfaire tire fon coup, en dégageant foit de quarte en tierce, foit de tierce en quarte, ou de quarte en quarte fur les armes. Pour bien exécuter ces parades, fi-tôt qu'il dégage pour tirer, il faut dégager fubtilement dans le même tems, en faifant un petit cercle bien près de fa lame, & former la parade, laquelle doit être exécutée avec la plus grande vivacité, en foutenant bien la lame de l'épée depuis la garde jufques à la pointe; & pour ripofter facilement, on doit auffi-tôt porter la pointe de l'épée dans la ligne de fon corps.

Obfervation fur cette parade.

Comme un poignet vif & une pointe légere pourroient aifément tromper la parade du contre-dégagement par le contre du contre, c'eft-à-dire fi l'adverfaire continuoit fon dégagement plufieurs fois, & plus vivement qu'on ne pourroit faire, alors pour déranger cette opération, en cas qu'on ne fe fentît pas affez de vivacité dans le poignet pour arrêter fa pointe avec la même parade du contre, il faudroit avoir recours à la parade du cercle.

De la parade du cercle.

Cette parade, qui eft la principale des armes, pare non-feulement tous les coups, mais auffi dérange toutes les feintes qu'un adverfaire peut faire. Pour bien exécuter cette parade, il faut bien tendre le bras, tenir le poignet fur la ligne de l'épaule, les ongles tournés en deffus; & par un mouvement ferré & vif du poignet la pointe de l'épée doit former de la droite à la gauche un cercle affez grand pour être à couvert depuis la tête jufqu'au genou. De cette maniere, en doublant le cercle jufqu'à ce qu'on ait arrêté la lame de fon adverfaire, la parade fera formée.

Pour arrêter cette parade du cercle, quand même il la doubleroit avec la plus grande vivacité, il faut arrêter tout court fa lame en foutenant le poignet à la hauteur de l'épaule & tenant la pointe baffe, comme dans la parade de quinte, & revenir promtement à l'épée en quarte.

Il faut s'exercer, autant qu'on peut, le poignet aux parades du cercle au contre-dégagement, & du contre-dégagement au cercle. On peut prendre cette leçon tout feul, foit avec un fleuret, foit avec une épée. Cet exercice fortifie le poignet, le rend fouple & le délie, & procure infenfiblement la plus grande aifance & adreffe pour fe défendre dans le befoin.

Méthode pour tirer & parer tierce & quarte au mur.

On dit *tirer au mur*, parce que celui qui pare les coups qui lui font portés, doit avoir le corps immobile. Son poignet feul doit agir dans les parades. Pour bien exécuter cette leçon, on donnera premierement l'explication de la pofition dans laquelle doit être celui qui pare.

Pour parer au mur, il faut fe placer de façon que le pié gauche ne puiffe remuer, bien effacer les épaules, tenir la tête haute, ôter le chapeau & ouvrir en même tems le bras droit & porter la pointe du fleuret fur la droite, afin que l'adverfaire fe mette en mefure. Cela fait, remettre auffi-tôt le chapeau, paffer la main gauche par derriere les reins , & être promt à parer les coups qu'il tire.

Pour tirer au mur, il faut se placer droit sur ses jambes, comme dans la premiere position (*Voyez la premiere figure*), dans le tems qu'on se met en garde, ôter son chapeau d'un air gracieux, détacher un coup de quarte en approchant légérement le bouton du fleuret contre la poitrine de celui qui se présente pour parer ; en se remettant en garde, remettre son chapeau d'un air aisé & faire avec le poignet les deux mouvemens de la tierce à la quarte ; c'est la regle du salut.

L'exercice de tirer au mur, accoutume à tirer avec vivacité & à parer promtement, donne de l'aisance, de la justesse, & de la connoissance pour la mesure, & est d'autant plus utile qu'étant ordinaire de faire des armes avec différentes personnes, on en rencontre aussi très-souvent de différentes tailles.

Méthode pour tirer au mur avec vivacité.

Il y a trois manieres de tirer au mur. La premiere, en engageant l'épée au fort, & tenant la pointe légere, il faut dégager subtilement, & si-tôt le dégagement fait, tirer droit au corps de l'adversaire sans chercher nullement sa lame.

La seconde, en engageant de la pointe de l'épée la sienne, il faut courber le bras, dégager & lui tirer droit au corps, ce qu'on appelle, *tirer pointe à pointe*.

La troisieme, en tirant des coups droits soit au-dedans, soit au-dehors des armes, il ne faut nullement engager ni dégager le fer.

Les maîtres d'Italie se servent souvent de cette derniere méthode. Elle donne de la vivacité, accoutume la main à partir la premiere, & développe parfaitement l'épaule.

Regles à observer en tirant au mur.

Lorsqu'on a pris sa mesure ou sa distance, on ne doit nullement remuer le pié gauche ni le corps, ne faire aucune attaque ni feinte, mais toujours tirer de regle soit au-dedans, soit au-dehors des armes, en faisant des dégagemens, ou tirant des coups droits, ou en faisant des feintes, pourvû qu'on en soit convenu avec celui qui pare.

Des feintes.

On appelle *feinte*, marquer un coup d'un côté & l'achever d'un autre. Il faut déranger le poignet de son adversaire, ensorte qu'on ait assez de jour pour lui porter le coup qu'on a prémédité de tirer. On doit bien prendre garde de ne pas se découvrir, lorsqu'on marque une feinte ; car au lieu de réussir dans son projet, on lui donneroit occasion de profiter d'un trop grand jour & de tirer un coup droit. Ainsi il est absolument nécessaire, en faisant une feinte, qui forme un dégagement, d'opposer le talon de l'épée, & de faire subtilement le mouvement de la pointe, & assez près de la garde de son épée pour pouvoir le toucher plus aisément.

Toutes les feintes peuvent être exécutées de pié ferme & en marchant. On peut aussi les faire après une attaque du pié, après un coup de lame, ou dans le tems que l'adversaire force la lame, ou qu'il fait un dégagement.

Pour bien exécuter les feintes, il faut tenir le poignet à la hauteur de l'épaule, plier un peu le coude, afin que le poignet soit plus délié & la pointe plus légere.

Si on est engagé en quarte, il faut dégager en quarte sur les armes bien près de la garde de son adversaire, ramener la pointe de l'épée dans la premiere position de quarte, tirer droit au corps, & revenir à l'épée en quarte, ou en demi-cercle. S'il a paré, on peut la tripler & tirer quarte sur les armes feinte, & revenir à l'épée en tierce ou en demi-cercle.

Si on est engagé en quarte sur les armes, il faut dégager subtilement en quarte, tirer quarte sur les armes & revenir à l'épée en tierce, ou en demi-cercle ; & s'il la pare, il faut tripler la feinte & tirer au-dedans des armes.

Si on est engagé en tierce, il faut marquer la feinte en seconde & tirer tierce. Si l'adversaire a le poignet élevé, en parant, on doit tripler la feinte, tirer seconde, & revenir à l'épée en seconde ou en demi-cercle.

Si l'on est engagé en tierce, il faut dégager en quarte, la pointe de l'épée sur la ligne du visage de l'adversaire, tirer quarte basse, & revenir promtement à l'épée en cercle.

Pour tirer les feintes sur le dégagement, il faut forcer un peu l'épée de son adversaire, afin de l'obliger de dégager ; & dans le tems qu'il dégage, saisir subtilement ce tems, marquer la feinte & lui tirer au corps.

Défense contre les feintes.

La défense la plus sûre, pour parer les feintes, est de gagner le fer par une parade du contre-dégagement, ou par celle du cercle : car si on cherchoit à parer les feintes avec des parades simples, il seroit impossible d'éviter le coup, puisqu'on peut tripler & quadrupler la feinte ; au lieu qu'avec lesdites parades, on arrête tout court la pointe de l'épée de son adversaire & on le force à changer d'idée & d'opération.

Observation sur les feintes & sur quels tems elles sont bonnes ou fausses.

Il y a des tireurs, qui font des feintes, en faisant de grands mouvemens du corps ou de la pointe, ou de grandes attaques du pié droit, pour engager leur adversaire à précipiter sa défense, croyant par-là profiter du jour qu'il peut donner. Toutes ces opérations, qui sont fausses, ne peuvent réussir que vis-à-vis des personnes timides & que peu de chose dérange ; mais vis-à-vis d'un homme de sens-froid, qui tient pointe ferme & droite au corps & qui recherche l'épée de son adversaire avec le mouvement seul du poignet & suivant les regles des armes, quelque mouvement qu'on puisse faire pour lui faire des feintes, elles seront sans effet.

Il en est d'autres, qui font des feintes, en portant l'épée en-avant, & qui quand on veut parer, la retirent à eux. Alors ils changent la pointe par un dégagement & tirent leur coup. Ces trois mouvemens sont contraires les uns aux autres & sont si lents que si leur adversaire partoit dans le tems qu'ils retirent leur bras, ils seroient touchés avant d'avoir achevé leur feinte.

On doit, autant qu'il est possible, faire les feintes en mesure, afin d'être en état de porter plus vivement la pointe au corps. On peut aussi faire les feintes hors de mesure, mais il faut les continuer dans le tems qu'on avance pour entrer en mesure & changer d'opération, en cas que l'adversaire joigne l'épée.

On doit observer de se bien couvrir, en faisant tous ces mouvemens ; car il pourroit tirer tout droit dans le tems qu'on avance, ou surprendre la feinte par d'autres mouvemens.

On ne doit pas toujours espérer, dans le tems qu'on fait une feinte, que l'adversaire viendra à la parade ; car on pourroit aisément être trompé. Mais sachant qu'il pourroit attaquer & se tenant sur ses gardes, on sera plus promt à se défendre.

On peut aussi être certain que la feinte réussira mieux pendant que le poignet de l'adversaire sera en mouvement. Alors saisissant ce moment pour faire la feinte, il se défendra avec plus de précipitation & non-seulement se découvrira, mais même il ne pourra pas attaquer, & on sera en état de le toucher avec plus de facilité & moins de risque.

Des coulés de pié ferme ; coulé de quarte sur les armes pour toucher quarte au-dedans des armes.

Si on est engagé en quarte & si on est en mesure sur son adversaire, il faut avoir le bras souple, le corps effacé & posé sur la partie gauche, dans cette position faire une attaque du pié, & donner un coup ferme & sec sur la lame pour ébranler son poignet. S'il revient à l'épée, dégager vivement en quarte sur les armes, tenir le poignet haut & la pointe sur la ligne de son visage, & dans le tems qu'il vient à la parade, dégager subtilement en quarte, & sans hésiter lui tirer droit au corps. S'il ne ripostoit pas & qu'il forçât la lame, il faudroit redoubler par le cavé, & revenir promtement à l'épée en quarte.

Coulé de quarte au-dedans des armes pour toucher quarte sur les armes.

Si on est engagé en tierce ou en quarte sur les armes, il faut faire un dégagement en quarte, tenant la pointe de l'épée en avant & sur la ligne du corps, dans le même tems faire une attaque du pié, & lorsque l'adversaire force la lame, dégager subtilement en quarte sur les armes, lui tirer à fond au corps, redoubler d'un coup de seconde & revenir promtement à l'épée soit en tierce, soit en demi-cercle.

Coulé de tierce pour toucher le coup de seconde.

Si on est engagé en quarte, il faut, après un battement d'épée & une attaque du pié, dégager subtilement en tierce, tenant la pointe de l'épée en-avant & sur la ligne du visage de l'adversaire; & dans le tems qu'il vient à la parade simple, soit de tierce, soit de quarte sur les armes, on doit baisser la pointe, tirer à fond un coup de seconde, & revenir à l'épée en tierce ou en demi-cercle.

Coulé de quarte pour toucher quarte basse.

Si on est engagé au dehors des armes, il faut ébranler le poignet de son adversaire, en battant de la lame sur le foible de la sienne, dégager subtilement la pointe, la tenir sur la ligne de son visage, tendre bien le bras, faire une attaque du pié, baisser la pointe par-dessous son coude, sans hésiter tirer quarte basse & revenir à l'épée en tierce, redoubler d'un coup de seconde & revenir promtement à l'épée en cercle.

Tous ces coulés faits de pié ferme peuvent être exécutés en marchant, dans le cas où l'adversaire rompoit la mesure, lorsqu'on tâche d'ébranler son poignet par des attaques du pié & des battemens d'épée.

Après ce mouvement s'il cherchoit à éviter la pointe par une retraite, il faudroit dégager subtilement & engager l'épée vivement, entrer en mesure & faire les opérations ci-dessus expliquées, en observant toujours de tenir l'épée devant soi & le corps en arriere, afin de n'être pas surpris en l'avançant & dévancer toujours les coups, de l'œil & du poignet.

Le croisé d'épée.

Peu de maîtres enseignent le croisé d'épée. Cette opération est d'autant plus nécessaire, que par-là on peut non-seulement écarter la pointe de son adversaire depuis la poitrine jusqu'au genou, mais même faire sauter aisément l'épée de sa main.

S'il se présente en mesure, ayant le bras & la pointe tendus sur une même ligne, il faut poser bien le corps sur la partie gauche, & engager son épée en quarte, en tournant les ongles un peu plus en-dessus que dans la garde ordinaire, engager le fort de l'épée à-peu-près à un pié de sa pointe, & diriger la pointe de l'épée sur la gauche. Lorsqu'on se trouve dans cette position, il faut tourner subtilement la main en tierce, tenir l'épée bien ferme dans sa main, passer la pointe par-dessus le bras de l'adversaire, sans quitter nullement le fer, arrêter l'épée ferme depuis le fort jusqu'à la pointe, & tenir la main à la hauteur de l'épaule & la pointe aussi basse que la ceinture : ce croisé fait, tirer ferme & à fond un coup de tierce & revenir à l'épée en cercle.

Autre maniere de faire le croisé d'épée en quarte.

Si l'adversaire tire à fond un coup de quarte, il faut le parer du demi-cercle & avoir le corps bien posé sur la partie gauche. Aussi-tôt le coup paré, tourner avec vivacité & fermeté la main en tierce, passer la pointe de l'épée sur la gauche & toucher ferme le foible de sa

lame avec le tranchant du dedans & le fort de l'épée.

Si on exécute ces croisés d'épée avec jugement & vîtesse, il est presque impossible de ne pas désarmer son adversaire, ou de ne pas écarter sa lame assez pour pouvoir le toucher du coup de tierce, comme on l'a expliqué ci-devant.

Maniere d'éviter le croisé d'épée.

Comme chaque coup a sa défense, il est nécessaire d'en donner l'explication la plus claire. Il ne faut avoir que de l'attention, un coup d'œil juste & de l'adresse pour éviter tous les coups.

Il faut céder la pointe par un dégagement ouvert dans le tems que l'adversaire fait le croisé d'épée. De cette maniere ne trouvant point de lame pour le faire, on en évite l'effet. Il pourroit même lui arriver, ne sentant pas d'appui ni de résistance dans la lame au-lieu de faire sauter l'épée de la main de son ennemi, de perdre la sienne, s'il ne la tenoit pas bien ferme, ou si sa pointe n'étoit pas bien soutenue à la ceinture.

Du coup de fouet sur le coup de tierce pour faire sauter l'épée.

Si l'adversaire tire à fond un coup de tierce, il faut dégager subtilement en quarte, avoir le corps bien effacé & posé sur la partie gauche, raccourcir le bras un peu plus que dans la garde ordinaire, & tenir la pointe de l'épée un peu plus élevée. Le dégagement fait avant qu'il se remette en garde, il faut aussi donner un coup de fouet sec & vif, en touchant avec le tranchant du fort de l'épée sur le foible de sa lame; ce qui lui fera ouvrir les doigts & tomber son épée.

Autre maniere de faire sauter l'épée.

Si l'adversaire tire à fond un coup de tierce, il faut le parer de prime : le coup paré, lever avec légereté la pointe de l'épée, la porter sur la gauche, & toucher d'un coup sec & ferme avec le tranchant du dedans & du fort de l'épée sur le foible de la sienne.

Du coup de fouet en quarte sur les armes.

Si l'adversaire se présente, ayant la main tournée en quarte, le bras tendu & la pointe sur la ligne du bras, il faut marquer une petite feinte auprès du fort de son épée : si sa pointe n'en est pas ébranlée, dégager subtilement en quarte sur les armes, tenir le bras raccourci & la pointe haute, donner un coup de fouet avec le fort sur le foible de son épée, tendre le bras avec vivacité, & lui tirer ferme & droit quarte sur les armes. Si son épée ne tombe pas du coup de fouet, on aura assez de jour pour le toucher; le coup fini, se remettre promtement en garde par le cercle.

Pour éviter le coup de fouet, si-tôt qu'on a tiré sa botte, il faut se remettre en garde en parant du cercle; car on ne se sert de ce coup de fouet que vis-à-vis de ceux, qui, après avoir tiré soit tierce soit quarte au dehors ou au dedans des armes, ne se remettent pas en garde promtement, ou qui, étant en garde, tiennent leur bras roide & la pointe de leur épée dans la ligne directe de leur bras.

Si l'adversité donne ce coup de fouet dans le tems qu'on est en garde & ferme sur ses jambes, il faut prendre le tems qu'il le donne, dégager assez subtilement pour l'empêcher de gagner le fer, & profiter de ce moment pour lui tirer au corps.

Du coupé simple sur pointe en tierce.

Fig. 29. Après avoir tiré un coup de quarte, si l'adversaire pare du foible de son épée, il faut, en se remettant en garde, raccourcir le bras, tenir la lame droite du fort à la pointe, la passer par-dessus la sienne, tourner le poignet en tierce, le relever subtilement, plonger la pointe de l'épée à son corps, en tirant un coup
de

de tierce à fond & se remettre en garde l'épée devant soi.

On tire aussi le coupé sur pointe, après avoir paré le coup de quarte. Lorsque l'adversaire craint la riposte de quarte, & qu'en se remettant en garde, il force la lame, pour lors on doit exécuter vivement ledit coupé sur pointe au-dehors des armes, soit en tierce, soit en quarte sur les armes.

On peut aussi faire le même coupé simple sur pointe en quarte sur les armes, dans le tems que l'adversaire force du pié ferme la lame en quarte, après qu'on a tiré le coup de quarte.

Il faut observer que tous les coupés sur pointe se font ordinairement sur les coups qui ne sont parés que du foible de l'épée à la pointe, ou lorsque celui avec lequel on tire force l'épée de même.

Coupé simple sur pointe de tierce en quarte.

Si on est engagé en tierce, il faut faire une attaque du pié, & tirer une demi-botte sans dégager; & dans le tems que l'adversaire vient à la parade forcée & simple de tierce, raccourcir le bras, tenir droit la pointe de l'épée, la passer par-dessus la sienne au-dedans des armes, tourner la main en quarte, baisser la pointe de l'épée, & tirer à fond un coup de quarte : le coup tiré, revenir à l'épée en quarte, ayant le poignet bien posé & la pointe de l'épée droit au corps.

Coupé sur pointe de tierce en quarte pour toucher quarte sur les armes.

Si on est engagé au-dehors des armes, il faut tourner la main en quarte sur les armes, faire un appel de pié ferme, & dans le tems que l'adversaire vient à la parade, faire un coupé sur pointe au-dedans des armes, tenir la main haute en quarte, & la pointe de l'épée droite au corps, faire feinte de tirer une quarte droite, & quand il revient à la parade, dégager subtilement, tirer à fond quarte sur les armes, en faisant partir la main la première & bien soutenue, suivant les principes ci-devant expliqués : le coup tiré, se remettre en garde l'épée devant soi & la pointe droite au corps.

Autre coupé sur pointe de quarte en quarte sur les armes pour toucher quarte.

Si on est engagé en quarte, il faut tirer une demi-botte pour forcer l'adversaire de venir à l'épée, & dans l'instant faire un coupé sur pointe & faire feinte de vouloir tirer quarte sur les armes. Il faut aussi sans hésiter, dégager l'épée par-dessous son poignet, achever le coup de quarte, ayant la main bien soutenue & bien opposée : le coup tiré, revenir à l'épée en quarte, le corps bien posé sur la partie gauche.

Autre coupé sur pointe de quarte en tierce pour toucher seconde.

Si on est engagé en quarte, il faut faire un appel, couper sur pointe de quarte en tierce, tourner le poignet en tierce & , lorsqu'on a passé la pointe de l'épée au-dehors des armes, sans hésiter, la baisser subtilement par-dessous le coude de son adversaire, & tirer à fond un coup de seconde : le coup tiré, revenir promtement à l'épée, soit en tierce, soit en demi-cercle.

On peut doubler le coupé sur pointe de quarte en quarte sur les armes, & au lieu d'achever le coup au dehors des armes, faire un autre coupé sur pointe & tirer quarte.

Lorsqu'on est engagé au-dehors des armes, on peut de même faire un coupé sur pointe au-dedans, doubler le coup au-dehors, & tirer quarte sur les armes ou tierce.

Il faut pratiquer peu ces doubles coupés sur pointe, parce que les coupés simples sont préférables & plus difficiles à parer. Malgré cela il paroit nécessaire à ceux qui font des armes, de savoir qu'il y a de tels coupés dans cette académie.

N. 5. Escrime.

Du coup de reprise de la main après avoir tiré le coup de quarte.

Le coup de reprise de la main ne se fait qu'à ceux qui ne ripostent pas après avoir paré le coup qu'on leur a tiré, soit au-dedans, soit au-dehors des armes. Pour exécuter ce coup, il faut engager l'épée de l'adversaire en tierce, faire un appel du pié, & lorsqu'il vient à la parade, dégager subtilement près de la garde de son épée, & lui tirer un coup de quarte : si-tôt le coup tiré, faire feinte de se remettre en garde, en retirant le pié droit d'environ une semelle, & tenant le bras droit & flexible, & dans le tems qu'il leve le pié droit pour serrer la mesure, quand même il forceroit la lame, il faut le prendre sur le tems, tourner vivement la main en tierce, & lui tirer à fond un coup de cavé en soutenant bien la main. Le coup fini, revenir promtement en garde, en tenant le bras bien tendu & la pointe de l'épée sur la ligne du corps.

Du coup de reprise de la main en quarte sur les armes après avoir tiré le coup de tierce.

Si on est engagé au-dedans des armes , il faut faire un appel du pié & un battement d'épée ; si l'adversaire vient à la parade, dégager subtilement au-dehors des armes, tourner la main en tierce & tirer à fond un coup de tierce. Le coup tiré, se remettre promtement en garde, en retirant le pié droit de la longueur d'une semelle, & lorsqu'il leve le pié droit pour avancer, le prendre sur le tems, tourner vivement la main les ongles en-dessus, & lui tirer quarte sur les armes. Le coup fini, se remettre promtement en garde & revenir à l'épée, soit en tierce, soit en demi-cercle.

De la passe en quarte au-dehors des armes.

Fig. 30. Si l'adversaire se trouve engagé en tierce, le coude plié & la pointe de l'épée haute, il faut faire une attaque du pié & tirer une demi-botte. S'il ne vient point à la parade, alors sans déranger nullement le pié droit, il faut passer le pié gauche en avant du pié droit, à la distance de deux semelles, tourner la pointe du pié en-dehors, lever un peu de terre letalon du pié droit, tendre ferme les deux jarrets, supporter sur la jambe gauche en-avant, tourner la main en quarte sur les armes, tendre bien le bras & tirer ferme & droit au corps. Si-tôt le coup tiré, revenir en garde en tierce, en remettant le pié gauche, le corps & la main dans la première position, & chercher l'épée avec une parade du cercle.

De la passe en tierce au-dehors des armes.

Si l'adversaire est engagé en quarte, il faut battre son épée d'un coup ferme avec le tranchant du fort, & lorsqu'après avoir écarté sa lame, il revient à une parade forcée, dégager subtilement au-dehors des armes, tenir la main en tierce, le poignet élevé & la pointe de l'épée plongée à son corps; dans le tems du dégagement passer le pié gauche en avant du droit à la distance d'une semelle, tendre le jarret & supporter de la jambe gauche tout le poids du corps. Le coup fini, revenir en garde en tierce, ayant le corps bien effacé & posé sur la partie gauche.

Passe en quarte après la feinte en quarte sur les armes.

Si on est engagé au-dedans des armes, il faut faire un attaque du pié, dégager subtilement, en tenant la main en quarte sur les armes, tirer une demi-botte, tenir le poignet élevé & la pointe de l'épée bien ferme sur la ligne du visage : en faisant cette opération avancer le pié droit de la longueur d'une demi-semelle ; & dans le tems que l'adversaire vient à une parade forcée en tierce, il faut aussi le prendre sur le tems, en dégageant subtilement en quarte, & faire en avant la passe du pié gauche, en observant toujours d'opposer la main droite à son épée, de tenir le poignet élevé & la pointe de l'é-

C

pée sur la ligne du corps, de se remettre en garde, & de chercher son épée avec une parade du cercle.

Passe en quarte sur les armes après la feinte de quarte.

Si l'adversaire est engagé au-dehors des armes, il faut lui tirer une demi-botte en faisant une attaque du pié, & dans le tems qu'on sent qu'il force la lame, marquer une feinte au-dedans des armes; & en dégageant subtilement au-dehors des armes, faire la passe du pié gauche & tirer le coup de quarte sur les armes, suivant les principes de cette passe ci-devant expliqués.

On observera que l'on pare de tierce haute les passes au-dehors des armes, & de prime ou de quarte haute les passes au-dedans des armes, en soutenant le poignet sur la ligne du visage.

PLANCHE X.

Echappement du pié gauche en-arriere dans le tems de la passe au-dehors des armes.

Fig. 31. Il faut donner assez de jour au-dehors des armes à son adversaire pour l'engager à faire la passe soit en tierce soit en quarte sur les armes. Il ne faut pas s'ébranler des attaques qu'il pourroit faire ni des demi-bottes qu'il pourroit tirer, mais découvrir assez le dehors des armes, pour le déterminer à partir; & dans le tems qu'il fait la passe du pié gauche, baisser subtilement la pointe de l'épée en seconde, tourner la main dans la même position, sans chercher nullement sa lame, rompre la mesure en portant le pié gauche en arriere autant que le jarret peut être tendu, ne pas déranger le pié droit, plier le genou droit, comme si l'on tiroit une botte ordinaire, avoir le corps plus bas que dans le coup de seconde, tenir le bras droit bien tendu, le poignet élevé & opposé au visage, & le bras gauche tombant perpendiculairement au milieu des deux cuisses, la paume de la main ouverte & tournée vers la terre, crainte que le pié gauche glisse & s'échappe en-arriere, ce qui feroit perdre l'à-plomb de l'attitude, & afin d'être en état de soutenir son corps avec l'aide de ladite main gauche en cas d'événement. Cette opération faite, il faut se remettre en garde & chercher l'épée avec le cercle.

Du saisissement de l'épée après la passe au-dehors des armes.

Après avoir fait la passe soit en tierce, soit en quarte sur les armes, si l'adversaire pare le coup & résiste à la lame, il faut promtement & subtilement saisir la garde de son épée avec la main gauche, & dans cet instant passer le pié droit devant le pié gauche, poser les deux talons sur la même ligne, plier un peu le genou droit & tendre le genou gauche: par ce moyen on sera ferme & maître de la défense qu'il pourroit faire. S'il vouloit reprendre la main avec sa main gauche, il faudroit aussi-tôt raccourcir le bras droit, lui présenter la pointe de son épée & tenir toujours bien ferme la coquille de l'épée au ventre, pour le contraindre à la ceder.

Contre-dégagement au-dedans des armes de pié ferme.

Lorsqu'on est engagé au-dedans des armes, il faut forcer un peu la lame de l'adversaire pour le déterminer à dégager; & dans le tems qu'il dégage soit en tierce, soit en quarte sur les armes, pour gagner le fer, saisir ce moment, & ne pas attendre qu'il touche la lame après son dégagement, dégager subtilement & tirer à fond un coup de quarte bien opposé & soutenu: le coup tiré, revenir promtement à l'épée en quarte.

Contre-dégagement au-dehors des armes de pié ferme.

Il faut engager l'épée de l'adversaire au-dehors des armes la main tournée en quarte sur les armes, tenir le poignet & la pointe sur la ligne de l'épaule, le bras flexible, & forcer un peu sa lame pour le déterminer à dégager; & dans le tems qu'il dégage pour joindre la lame au-dedans des armes, dégager subtilement avant qu'il engage le fer, & tirer à fond quarte sur les armes en tenant la main bien opposée, suivant les principes ci-devant expliqués: le coup tiré, revenir promtement à l'épée, & redoubler du coup de seconde.

Le contre du contre-dégagement de pié ferme.

Si l'adversaire, au-lieu de parer d'un simple dégagement les coups ci-dessus expliqués, paroit d'un contre-dégagement, il faudroit sans chercher nullement sa lame, doubler le dégagement assez vivement pour l'empêcher de gagner le fer, porter à fond la pointe de l'épée à son corps, & se remettre en garde en parant du cercle.

Du contre-dégagement sur le tems & du contre du contre, lorsque l'adversaire avance.

Il faut rompre la mesure de la longueur d'une semelle, sans quitter l'épée de son adversaire: & lorsqu'il avance en mesure & dégage, saisir ce tems, & sans chercher nullement sa lame, dégager & lui tirer droit au corps. S'il paroit d'un contre-dégagement, il faudroit doubler le dégagement sans chercher nullement sa lame, & lui tirer à fond, ayant le corps bien soutenu & la main opposée suivant les principes ci-dessus expliqués: le coup achevé, revenir promtement à l'épée par le cercle.

Coup de tems droit tiré sur la feinte basse.

Si on est en mesure, la main tournée en quarte à la hauteur de l'épaule, la pointe de l'épée un peu plus basse que le poignet & le corps bien ferme sur la partie gauche, il ne faut pas s'ébranler dans cette position des différens mouvemens que l'adversaire pourroit faire, soit par des attaques, soit par des demi-bottes, mais profiter du jour qu'il peut donner dans le tems qu'il baisse poignet & sa pointe en faisant des feintes basses; & dans cet instant, sans chercher nullement sa lame, lui tirer à fond un coup de quarte bien opposé suivant ces principes: le coup tiré, se remettre en garde de chercher l'épée par le cercle.

On exécute aussi ce même coup de tems après avoir rompu la mesure d'une semelle, en observant, si-tôt que l'adversaire leve le pié droit pour entrer en mesure & qu'il quitte le fer, pour peu que son poignet soit bas & qu'on ait assez de jour pour le toucher, en observant, dis-je, de lui tirer droit & ferme au corps, sans hésiter ni chercher sa lame.

S'il découvre le dessous des armes en serrant la mesure, il faut le prendre sur le tems & lui tirer à fond un coup de quarte basse bien soutenu & revenir à l'épée en tierce.

Si on est engagé au-dehors des armes la main tournée en tierce, il faut rompre la mesure de la longueur d'une semelle, & dans le tems que l'adversaire avance, pour peu qu'il donne de jour, lui tirer quarte sur les armes. S'il forçoit l'épée en avançant, dégager subtilement la pointe, & l'arrêter par une quarte au-dedans des armes.

Rien n'est plus difficile que de tirer avec justesse & précision le coup de tems. Il n'appartient qu'à ceux à qui l'habitude & l'expérience dans les faits d'armes ont formé ce coup-d'œil juste, d'exécuter ces bottes.

Pour éviter l'effet de ces coups de tems, on doit être attentif de tenir toujours l'épée devant soi, de ne pas se découvrir trop en faisant les feintes, ni de faire des attaques trop forcées de pié ferme, ou en marchant, d'être toujours prêt a une parade promte & ferme du contre-dégagement ou du cercle, & de ne former jamais le dessein de tirer un coup d'épée, sans avoir celui de revenir promtement à la parade.

Demi-volte sur les coups forcés au-dehors des armes.

Fig. 32. Lorsqu'on est en mesure, il faut engager l'épée en tierce, tenir le bras flexible, le corps bien posé sur la partie gauche, & donner à son adversaire assez de jour au-dehors des armes pour le déterminer à y tirer. Dans le tems qu'il force la lame pour tirer soit tierce soit quarte hors des armes, il faut dégager subtilement, pasfer la pointe par-deffous la garde de fon épée, tourner la main en quarte, hauffer le poignet comme dans le coup de quarte, diriger la pointe à fa mamelle, & porter le pié gauche près du pié droit, deforte que la pointe dudit pié furpaffe de deux pouces ou environ le talon droit, & que les deux piés forment un angle ou équerre. Pour affurer cette pofition, on doit tendre bien les genoux, tenir la tête haute fur la ligne du bras droit, effacer bien l'épaule gauche & tendre le bras, comme fi on tiroit le coup de quarte. Il eft impoffible de faire la demi-volte avec toute la vivacité & la jufteffe qu'elle exige, fans tourner la pointe du pié droit un peu en-dedans, la lever un peu de terre, & tourner fur le talon la jambe & la cuiffe comme fur un pivot, afin que le corps foit mieux effacé & d'éviter la pointe de l'adverfaire. La demi-volte faite, il faut fe remettre promtement en garde en portant le pié gauche en-arriere, fuivant les principes ci-devant expliqués, & en parant du cercle.

On peut faire la demi-volte dans le tems qu'il ferre la mefure, en forçant la lame au-dehors des armes. La parfaite exécution dépend de le bien prendre fur le tems.

De la flanconnade après avoir paré la demi-volte.

Il faut forcer la lame de fon adverfaire au-dehors des armes, pour le déterminer à tirer au-dedans. S'il fait le demi-volte, on doit parer le coup du fort de l'épée contre le foible de la fienne & ripofter la flanconnade avec l'oppofition de la main gauche, fuivant les principes expliqués : le coup achevé, revenir à l'épée en quarte.

Volte fur le coup de quarte au-dedans des armes, dans le tems que l'adverfaire dégage & tire le coup de quarte.

Dans le tems que l'adverfaire dégage au-dedans des armes & tire quarte, il faut lever la main à la hauteur du vifage, tourner les ongles en-deffus & avec toute la vivacité poffible, faire la volte en fixant la pointe de l'épée contre fa mamelle droite, tendre bien les deux jarrets lorfqu'on paffe le pié gauche derriere le pié droit, qui doit être pofé à la diftance d'une femelle ; il faut auffi effacer l'épaule gauche de telle forte que le dos foit à demi tourné à l'adverfaire, & tenir la tête fur la ligne de l'épaule & du bras droit, afin d'être en état de porter directement la pointe de l'épée : le coup tiré, fe remettre promtement en garde, tourner le poignet en tierce, & donner un coup fec du tranchant du dedans de l'épée fur le foible de la fienne, en tenant le poignet haut & la pointe baffe.

De la volte fur la paffe de tierce ou de quarte au-dehors des armes.

Fig. 33. Dans le tems que l'adverfaire fait la paffe au-dehors des armes, il faut baiffer la pointe de l'épée, & la paffer par-deffous fon bras, tourner la main en quarte, la tenir à la hauteur du vifage, paffer légérement le pié droit derriere le pié droit à la diftance d'une femelle, fixer la pointe de l'épée fur fa mamelle droite, tendre bien les deux jarrets dans le tems qu'on fait le mouvement du pié gauche, obferver que l'épaule gauche foit effacée de telle forte qu'on ait le dos tourné à demi, & tenir la tête fur la ligne de l'épaule & du bras droit, afin d'être en état de porter directement la pointe de l'épée : le coup achevé, fe remettre en garde en parant du cercle, & bien affurer & pofer le corps fur la partie gauche.

PLANCHE XI.

Du défarmement après avoir paré le coup de quarte.

Fig. 34. Si l'adverfaire s'abandonne en tirant le coup de quarte, il faut parer de quarte en donnant un coup fec du tranchant de la lame, dans le même tems avancer le pié droit de la longueur d'une femelle, tendre le jarret gauche, faifir promtement avec la main gauche la garde de fon épée, la tenir bien ferme & lui préfenter la pointe au corps par-deffous fon bras. S'il faifoit réfif-

tance & ne vouloit pas céder fon épée, il faudroit porter le pié gauche auprès du pié droit & forcer le fort de fa lame avec le fort de l'épée. Par ce moyen il fera obligé d'ouvrir les doigts : alors raccourciffant le bras en tenant toujours ferme la garde de fon épée, on en fera le maître ; le défarmement fait, porter le pié gauche derriere le pié droit à la diftance de deux femelles, tendre le jarret gauche, & lui préfenter les deux pointes, comme on peut le voir dans la trente-cinquieme *figure*.

Fig. 35. Pofition, après avoir défarmé fur le coup de quarte.

Du défarmement fur le coup de tierce ou de quarte fur les armes.

Fig. 36. Si l'adverfaire tire un coup de tierce ou de quarte fur les armes & abandonne fon corps, il faut parer d'un coup fec du fort de l'épée en traverfant la ligne directe de la lame, & forcer au haut fon poignet ; dans le même inftant faifir promtement avec la main gauche la garde de fon épée, & paffer le pié gauche devant le pié droit à la diftance d'une femelle. S'il faifoit réfiftance ou portoit fon pié gauche en-avant pour s'approcher & faifir la lame, il faudroit alors, en tenant toujours bien ferme la garde de fon épée, écarter fon bras fur fa droite, porter le pié gauche derriere le pié droit à la diftance de deux femelles, plier un peu le genou droit, tendre bien le jarret gauche, & lui préfenter la pointe de l'épée au vifage, en tenant le bras haut ; comme on peut le voir dans la *trente-feptieme figure*.

Fig. 37. Pofition après avoir défarmé fur le coup de tierce.

PLANCHE XII.

Du défarmement fur le coup de quarte ou de feconde paré de prime.

Fig. 38. Si on eft engagé en tierce, il faut faire une attaque du pié, & forcer la lame de l'adverfaire au-dehors des armes, pour l'exciter à partir ; & dans le tems qu'il tire le coup de quarte ou de feconde, parer promtement de prime. Au lieu de traverfer la ligne fur la droite en faifant cette parade (comme on l'a expliqué à l'endroit des parades), on doit, en parant ferrer la mefure d'une demi-femelle, & paffer avec vivacité le bras gauche par-deffus le fort de fa lame. Par ce moyen en retirant le corps & raccourciffant le bras gauche, il fera forcé de céder fon épée : fi-tôt le faififfement d'épée fait, lui préfenter la pointe de l'épée au corps, & paffer vivement en-arriere le pié à la diftance d'une femelle du pié gauche, comme on peut le voir dans la *trente-neuvieme figure*.

Fig. 39. Pofition après avoir défarmé fur le coup de tierce ou de feconde, paré de prime.

PLANCHE XIII.

Du défarmement après la parade au-dehors des armes.

Fig. 40. Si on eft engagé au-dehors des armes, la main en tierce ou en quarte fur les armes, il faut faire une attaque du pié, & forcer un peu la lame de fon adverfaire pour l'engager à tirer un coup de quarte au-dedans des armes : dans le tems qu'il dégage & tire à fond, on parera d'un contre-dégagement ; en forçant fa lame en-haut avec le fort de l'épée, on paffera le pié gauche devant le pié droit à la diftance d'une femelle, & l'on faifira vivement de la main gauche la garde de fon épée. Comme, en fe défendant, il pourroit porter le pié gauche en avant & fe jetter fur la lame ; pour empêcher qu'il la faififfe, il faut effacer promtement l'épaule droite, paffer le pié droit derriere le pié gauche à la diftance d'une femelle, tourner la pointe du pié gauche vis-à-vis fon genou, paffer l'épée par-derriere le dos en appuyant la garde contre les reins, & lui préfenter la pointe au ventre.

On doit obferver, en allant au défarmement, de ne faifir jamais le bras de fon adverfaire ni fa lame avec la main gauche; car en faififfant fon bras, il peut fe rendre maître de fon épée & la reprendre de fa main gauche par la garde ou par le fort de la lame; conféquemment il pourroit fournir un coup de pointe à bras raccourci. Si on faififfoit fa lame, il pourroit auffi raccourcir le bras, retirer fon épée avec force & couper la main qui l'empoigneroit. A dire vrai, tous ces défarmemens, dont on a donné l'explication, font plus brillans dans une falle d'armes le fleuret à la main, lorfqu'ils font exécutés avec jugement & précifion, qu'utiles l'épée à la main. Cependant dans une affaire particuliere on peut s'en fervir vis-à-vis de ceux qui s'abandonnent fur les coups qu'ils tirent, & qui ne fe remettent pas en garde avec toute la vivacité néceffaire. L'épée à la main, il faut préférer le croifé d'épée ou le coup de fouet; on ne rifque rien; & fi on ne fait pas fauter l'épée de la main de fon adverfaire, on a affez de jour pour le toucher au corps fi on en a l'intention.

Obfervations fur les gauchers.

Il peut arriver à un droitier d'être fort embarraffé de fe défendre contre un gaucher, parce que la fréquente habitude où on eft de faire des armes entre droitiers donne au gaucher un avantage confidérable. Il eft rare d'avoir occafion de fe mefurer avec un gaucher, car l'efpece de ce dernier n'eft pas nombreufe. Par la même raifon deux gauchers qui fe mefureroient enfemble feroient embarraffés l'un & l'autre.

Pour obvier à cet inconvenient, il feroit bon qu'un maître d'armes accoûtumât fes écoliers à tirer des deux mains; c'eft-à-dire que, lorfqu'un écolier manieroit bien fon fleuret avec la main droite, il faudroit l'exercer avec la main gauche. Cet exercice feroit difficile pour tout le monde, mais avec de la bonne volonté & en prenant quelque peine on parvient à un degré d'habileté, qui eft avantageux pour foi & fait honneur à celui qui enfeigne.

Le maître d'armes devroit non-feulement donner leçon des deux mains à fes écoliers, mais encore les inftruire de cette forte par des mouvemens d'affaut. Cette méthode les mettroit en état de fe défendre des deux mains, & ils ne feroient jamais embarraffés vis-à-vis d'un adverfaire, qui fe préfenteroit dans une pofition différente de la leur.

Lorfqu'un droitier & un gaucher font des armes enfemble, ils doivent avoir attention de défendre le dehors des armes: ce côté étant plus foible que celui du dedans. Ils ont tous deux la facilité de donner le coup de fouet ou de faire le gliffement de lame au-dehors des armes.

Si on donne le coup de fouet à propos, il eft prefqu'impoffible que l'épée ne faute de la main, à moins que l'adverfaire ne faififfe le tems qu'on donne ledit coup de fouet, foit pour dégager, foit pour tourner la main en tierce.

Il faut obferver que le droitier doit tirer au gaucher quarte au lieu de tierce & tierce au lieu de quarte, c'eft à-dire, qu'il doit tirer tous les coups du dedans au-dehors des armes, & ceux du-dehors au-dedans. Les mêmes regles font pour le gaucher lorfqu'il tire fes coups au droitier. Par ce moyen la main fera toujours oppofée à l'épée, & le corps & le vifage feront à couvert.

De la garde allemande.

Dans la pofition de la garde allemande on a ordinairement la main tournée en tierce, le bras & le poignet fur la ligne de l'épaule, la pointe de l'épée à la ceinture de fon adverfaire, la hanche droite extrêmement cavée, le corps en avant, le genou droit plié & le jarret gauche tendu. Les allemands cherchent toujours l'épée foit de prime, foit de feconde, tirent dans cette pofition fouvent à bras raccourci, tiennent la main gauche devant l'eftomac & s'en fervent pour parer au befoin, &

auffi-tôt qu'ils tirent l'épée, ils donnent un grand coup du tranchant fur la lame de leur adverfaire afin de le défarmer, s'ils le peuvent.

Défenfe contre la garde allemande.

Pour combattre cette garde, il faut fe préfenter hors de mefure, attaquer brufquement du pié & au-dedans des armes, tirer des demi-bottes au vifage de fon adverfaire afin de l'obliger de hauffer davantage fon poignet & profiter de ce tems pour dégager par-deffus le fort de fon épée & lui tirer à fond un coup de feconde. On peut auffi fe mettre en garde en feconde, en tenant la pointe de l'épée droite à fon aiffelle, faire feinte du dehors au-dedans des armes par-deffus fa lame, & faire une attaque du pié dans le tems de la feinte pour le faire aller plus promptement à l'épée: alors faifir ce tems pour faire un fecond dégagement par-deffus fa lame, & lui tirer un coup de feconde ou de quinte. S'il pare ce coup, on doit tripler le dégagement & lui tirer un coup de prime ou de quarte au-dedans des armes.

Si on veut attendre l'attaque, il faut fe mettre en garde en tierce haute & la pointe dirigée à l'épaule droite de l'adverfaire, ne pas s'ébranler des mouvemens qu'il pourroit faire, à moins qu'ils fuffent affez écartés pour lui tirer fur le tems un coup droit. S'il fe tenoit ferme dans fa garde, il faudroit lui donner affez de jour au dedans des armes pour l'engager d'y tirer: pour lors parer de prime ou de demi-cercle en traverfant la ligne fur la droite & lui ripofter vivement en tenant le poignet dans la même pofition du coup qu'on aura paré.

S'il n'attaque pas, ou n'eft pas ébranlé des attaques qu'on lui a fait, il faut fe placer en tierce haute, comme on l'a expliqué ci-devant, tourner fubtilement la main de tierce en quarte en paffant la pointe de l'épée par-deffus le fort de fa lame (ce qui forme un demi-cercle), frapper ferme du fort du dedans de l'épée fur fa lame & auffi-tôt lui tirer à fond un coup de quarte. De cette maniere il ne feroit pas difficile de lui faire fauter l'épée de la main.

S'il pare avec fa main gauche, on obfervera de ne point lui tirer au-dedans des armes, qu'on ne lui ait tiré auparavant une demi-botte foutenue, pour tromper la parade de fa main gauche.

De la garde italienne.

La garde ordinaire des italiens eft fort baffe, ils plient également les deux genoux, portent le corps au milieu des deux jambes, tiennent le poignet & la pointe de l'épée baffe, raccourciffent affez le bras, mettent la main gauche devant la poitrine, s'en fervent pour parer, & auffi-tôt ripoftent.

Quoique cette garde leur foit ordinaire, ils la varient à tout moment pour embarraffer leur adverfaire, en hauffant le poignet à la hauteur de la ligne de l'épaule & de la pointe de l'épée, en tenant le poignet haut & la pointe fort baffe, en faifant de grands mouvemens du corps & de la pointe, en tournant autour de celui avec qui ils font des armes, tantôt par fa droite, tantôt par fa gauche, ou en avançant imperceptiblement le pié gauche près du pié droit, & tirant des coups droits de volée, ou font des paffes ou des voltes. Ils fe fient beaucoup fur leur agilité & leur parade de la main gauche. C'eft pour cela que deux italiens, qui fe battent enfemble, fe donnent très fouvent coup pour coup (ce qu'on appelle *coups fourrés*), ce qui arrive rarement entre bons tireurs, parce qu'ils favent chercher l'épée foit avec le contre-dégagement, foit avec le cercle, & qu'ils ont une prompte ripofte.

Malgré cela, il n'eft pas douteux que leur jeu embarrafferoit même un habile homme, s'il ne prenoit pas les précautions qu'on expliquera ci-après.

Défenfe contre la garde italienne.

Pour fe défendre contre le jeu d'un italien, il faut avoir beaucoup de fens-froid & fe mettre dans une pofition

fition couverte, ne pas s'ébranler de tous fes différens mouvemens, lui faire des attaques, tirer des demi-bottes hors de mefure pour l'obliger d'entrer en mefure, & dans le tems qu'il leve le pié droit pour avancer, opérer fans écarter le poignet ni la pointe de l'épée de la ligne de fon corps, afin que, dans le cas où il tireroit, on fût en état de parer & de lui faire immédiatement ripofte. On ne doit jamais redoubler crainte du coup pour coup ou qu'il pare de la main gauche, ce qui expoferoit à une ripofte; mais auffi-tôt après avoir tiré une botte, foit qu'on touche ou non, il faut fe remettre promtement en garde en parant du cercle.

Si l'italien fe préfentoit en garde tenant fon bras & fa pointe fur une même ligne, il faudroit fe fervir du croifé d'épée ou du coup de fouet, & lui tirer ferme & à fond au corps.

On ne doit jamais tirer dans le grand jour qu'il peut donner crainte du coup de tems; mais alors lui tirer une demi-botte bien foutenue; & s'il part fur ce tems, parer en ferrant la mefure d'une demi-femelle & ripofter auffi-tôt.

Pour tromper la parade de fa main gauche, il faut tirer une demi-botte & achever le coup auffi-tôt qu'il a fait le mouvement de ladite main pour parer. *Nota*, ceci est bon à exécuter vis-à-vis de ceux qui ne ripoftent pas.

On doit encore ne pas tirer à fon adverfaire au-dedans des armes s'il donnoit un trop grand jour; mais on peut marquer une feinte au-dedans & tirer au-dehors ou au-deffous.

S'il ferroit la mefure en portant le pié gauche près du pié droit, il faudroit lui faire un battement d'épée, ou lui tirer une demi-botte; & s'il ne s'ébranloit pas, rompre promtement la mefure, porter le pié droit près du pié gauche, en parant du cercle, ou attendre qu'il tire, & auffi-tôt gagner fa lame par un contre dégagement, & fe faifir de fon épée ou lui ripofter dans le tems qu'il fait fa retraite.

Des gardes italiennes avec l'épée & le poignard.

Fig. 41. L'exercice de l'épée avec le poignard n'eft d'ufage qu'en Italie. Lorfqu'un écolier fait bien manier fon épée, on l'inftruit dans l'exercice de l'épée avec le poignard. Les Italiens fortent rarement de nuit fans avoir leur épée & poignard à leur côté. Les droitiers portent le poignard à côté de la hanche droite, & les gauchers à côté de la hanche gauche; ils le tirent fi-tôt qu'ils ont l'épée à la main. Naples eft la ville de l'Italie où on s'en fert le plus communément & le plus adroitement.

On ne fait ufage du poignard à Paris que lorfqu'on reçoit publiquement un maître d'armes. Lorfqu'un prevôt a fait fon apprentiffage fous un habile homme & qu'on le préfente pour être reçu maître d'armes, il eft obligé de tirer avec plufieurs maîtres. Après avoir tiré avec le fleuret feul, ils tirent avec le fleuret & le poignard. La réception d'un maître a quelque chofe d'agréable, & donne d'autant plus d'émulation aux jeunes gens pour s'inftruire dans les faits d'armes, qu'un homme ne peut être reçu au nombre des autres maîtres, s'il n'a travaillé pendant fix années confécutives fous le même maître, ufage qui ne fe pratique qu'à Paris. Cet exercice public, qui eft comme la pierre de touche de l'art de l'efcrime, produit un bien d'autant plus grand qu'il tend à la perfection des armes. Il feroit injufte de fe taire fur le talent des maîtres d'armes françois. Les hommes qui s'y connoiffent le mieux, avouent qu'ils font les premiers maîtres du monde pour la bonne grace & l'habileté.

Quoiqu'on ne fe ferve pas de l'épée & du poignard dans ce pays, on a cru néceffaire d'en donner l'explication, afin qu'on foit en état de fe défendre, fi l'on voyage dans les pays où l'on en fait ufage, & afin qu'on ne fe trouve pas embarraffé en voyant deux pointes devant foi. Je donne ici deux gardes différentes & les plus ufitées de cet exercice. On expliquera, à la fuite, la maniere de fe défendre avec une épée feule contre une épée & un poignard.

Il faut fe placer avec le poignard le bras tendu &

N. 5. Efcrime.

un peu éloigné de la garde de l'épée. Pour bien former les parades & les exécuter les plus ferrées qu'il eft poffible, ce qui eft très difficile ayant le bras tendu, on doit faire attention, en couvrant une partie, de ne pas découvrir l'autre. Dans cette garde on ne peut pas effacer le corps, car l'épaule gauche eft plus avancée que la droite. Quoique le bras droit couvre le dehors des armes, il doit être raccourci.

Lorfque dans cette pofition on formera bien fes parades, on fe mettra en garde, le bras tendu, mais fans roideur, & le bras gauche raccourci & la pointe du poignard près du coude droit. Le point principal eft de ne pas s'ébranler aux mouvemens que l'adverfaire peut faire.

S'il cherche à gagner l'épée avec la fienne, il faut la quitter, à moins qu'on ne fe fente affez de fermeté pour oppofer le fer au fien, en ferrant la mefure d'une demi-femelle, & fans quitter fa lame de gagner fon foible avec le fort du poignard. Alors quittant fon épée il feroit aifé de tromper fa parade du poignard & de le toucher. Pendant cette opération il ne faut jamais quitter du poignard fa lame, & plus elle fera longue, plus on aura d'avantage. De même après telle parade qu'on puiffe faire avec le poignard, on ne doit pas quitter fa lame, fi on veut ripofter.

Les Italiens parent plus fouvent avec le poignard qu'avec l'épée: ainfi il eft certain que celui qui fe fert de deux lames pour parer, a un grand avantage, pourvû qu'il le faffe avec jugement & fans précipitation; car autrement il ne feroit que fe découvrir.

Il faut tromper fon adverfaire dans le tems qu'il fait des attaques ou tire des demi-bottes en ne s'ébranlant pas de l'épée, & faire quelques mouvemens écartés avec le poignard pour l'engager à partir. Si-tôt qu'il détache fon coup, on doit le parer avec le poignard en ferrant la mefure dans le même tems, faire feinte avec l'épée de lui tirer au vifage, & achever le coup au corps, comme on peut le voir dans la 42 *figure*.

Les Italiens parent avec le poignard les coups tirés au-dedans & au-deffous des armes, & comme ils fe fient entierement fur cette parade, ils couvrent beaucoup le côté du dehors de la pointe de leur épée.

De l'épée feule contre l'épée & le poignard.

Comme tous les coups qu'une épée feule tire au-dedans des armes contre l'épée & le poignard peuvent être parés aifément, la ripofte de la pointe de l'épée de l'adverfaire toucheroit infailliblement; c'eft pourquoi on ne doit agir qu'avec jugement & attention.

Il faut fe mettre en garde en tournant le poignet entre tierce & quarte, & un peu plus bas que dans la garde ordinaire, & en fixant la pointe de l'épée à l'épaule droite de l'adverfaire. On ne doit pas engager l'épée, mais faire des battemens d'épée au-dehors des armes & des attaques du pié, & diriger la pointe à fon vifage, pour l'obliger à hauffer fon poignet: alors faifir ce tems pour lui tirer avec beaucoup de vivacité un coup de feconde, & revenir promtement à l'épée en prime ou au cercle.

S'il étoit en garde la pointe de l'épée fur la ligne de l'épaule, il faudroit faire feinte au-dedans des armes, donner un coup de fouet ferme au-dehors des armes du foible au fort de fon épée, & lui tirer quarte fur les armes.

S'il tient fa pointe plus baffe que fon poignet, il faut fe placer dans la même pofition au-dedans des armes, lui tirer une demi-botte au-dedans, gagner vivement fa lame, & lui fournir une flanconnade. On peut auffi après une demi-botte faire un croifé d'épée & lui tirer à fond tierce.

On ne confeillera pas de lui tirer au-dedans des armes, parce que la parade du poignard pourroit réuffir, & qu'on feroit expofé à la ripofte. Mais dans le cas où l'adverfaire feroit ébranlé & chercheroit à parer avec fon épée fur les attaques qu'on pourroit lui faire, alors après lui avoir tiré une demi-botte au-dedans des armes & à la partie du dehors du poignard, on pourroit lui tirer quarte baffe: le coup achevé, fe remettre en garde foit en tierce, foit en demi-cercle.

D

Fig. 42. Riposte après avoir trompé la parade du poignard.

PLANCHE XIV.

De la garde espagnole marquée A attaquée par la garde françoise.

Fig. 43. Les Espagnols, en faisant des armes, ont une méthode tout-à-fait opposée à celle des autres nations. Ils donnent souvent un coup sur la tête de leur adversaire qu'on appelle *coup d'estramaçon*, ensuite tirent un coup de pointe entre la gorge & les yeux. Leur garde est presque droite. Ils s'allongent très-peu ; lorsqu'ils s'approchent, ils plient le genou droit, tendent le gauche & portent le corps en-avant. Lorsqu'ils s'éloignent, ils plient le genou gauche, tendent le droit, effacent beaucoup le corps en-arriere, & parent souvent de la main gauche ou esquivent le coup en portant le pié droit derriere le gauche. Leur épée a près de cinq piés de longueur de la garde à la pointe, & la lame a le fil des deux côtés ; la coquille est fort large & est traversée par-derriere d'une barre qui sort de deux pouces de chaque côté. Ils s'en servent souvent pour faire sortir l'épée de la main de leur adversaire, en la liant fortement, sur-tout lorsqu'ils ont à combattre une longue épée ; ce qui leur seroit très-difficile vis-à-vis d'une épée courte. Leur garde ordinaire est de tenir leur épée en tierce haute & la pointe sur la ligne du visage. Ils font des appels & tirent des demi-bottes au visage, portent aussi-tôt le corps en arriere, forment un cercle avec la pointe de l'épée sur la gauche, tendent en même tems le bras, avancent le corps pour donner le coup d'estramaçon, & se remettent promptement droits en tenant la pointe de leur épée sur la ligne du visage de leur adversaire.

De la garde espagnole combattue après la parade du coup d'estramaçon.

Fig. 44. Si on se sert d'une épée de longueur ordinaire, & si on essuie la premiere attaque, on se défendra aisément contre l'épée d'un espagnol & on sera peu embarrassé de son jeu. Il faut se mettre en garde hors de mesure la main tournée en tierce, la tenir un peu plus haute que dans la garde ordinaire & ne pas s'ébranler des mouvemens qu'il pourroit faire. S'il tiroit le coup d'estramaçon, il faudroit le parer de tierce haute, hausser le poignet & baisser le corps, serrer la mesure d'une grande semelle, & riposter en tirant à fond un coup de seconde, & tenant la pointe plus basse que dans le coup ordinaire, afin qu'il ne pare pas cette riposte de la main gauche. Le coup tiré se remettre promptement en garde en tierce, caver un peu le poignet, rechercher son épée, dans le même tems porter le pié droit près du pié gauche pour s'éloigner de sa pointe, alors on est en état de gagner du terrein avec le pié gauche.

Si l'adversaire tire un coup de pointe, soit au visage soit au corps, il faut le parer en dégageant de tierce en quarte & tenant le poignet sur la ligne de l'épaule, dans le même tems serrer la mesure d'une grande semelle pour gagner son fer autant qu'il est possible, & lui riposter à fond un coup de quarte. S'il cherche à parer la riposte avec la main gauche, on doit faire feinte de la tirer en faisant une grande attaque du pié pour tromper ladite parade de sa main gauche, & achever le coup suivant les principes expliqués ; revenir promtement à l'épée en tenant la pointe directement à son visage & redoubler à fond quarte basse. Le coup achevé le remettre en garde en tierce, & passer le pié droit par-derriere le pié gauche.

Quoiqu'il soit très-aisé à celui qui a une épée courte à la main de désarmer celui qui a une épée à l'espagnole, après avoir gagné sa lame, on ne conseille à personne de le tenter, crainte de ne pouvoir saisir la garde de ladite épée ou d'avoir la main & les doigts coupés par les deux tranchans de l'épée ennemie.

On ne conseille pas même de faire le croisé d'épée ni de donner de coup de fouet, parce que les Espagnols en mettant l'épée à la main, passent les deux premiers doigts dans deux anneaux, qui sont près de la garde, & avec les deux autres doigts & le pouce serrent la poignée de leur épée. Ainsi il est évident qu'aucune des opérations ci-dessus nommées ne réussiroit.

Garde de l'épée & manteau attaquée par l'épée & lanterne.

Fig. 45. L'épée & manteau, qui sont d'un usage très-ancien dans toute l'Italie, n'ont jamais été défendus par les gouvernemens, comme l'ont été l'épée & le poignard dans plusieurs états.

Le manteau est offensif & défensif. Il est offensif, parce que ceux qui savent s'en servir adroitement sont en état de nuire beaucoup à leur adversaire. Il y a plusieurs manieres de le jetter ; on peut non-seulement en couvrir la vûe à son ennemi, mais aussi la lame de son épée. Si au contraire on n'a pas l'adresse de s'en servir, on pourroit soi-même s'en couvrir la tête ou embarrasser son épée & par-là être à la discrétion de son adversaire. Il est défensif, parce qu'il peut servir à parer les coups de tranchant soit à la tête, soit au visage ou au ventre dans le cas ou ces deux derniers seroient donnés au-dedans des armes.

Il faut parer avec l'épée les coups que l'adversaire tire au-dehors & au-dessous des armes, secourir l'épée avec le manteau & riposter au corps.

Pour se servir bien du manteau, on doit envelopper son bras gauche avec une partie dudit manteau, laisser tomber l'autre partie, avoir attention qu'elle ne tombe pas plus bas que les genoux, & prendre garde, si on est obligé après une longue défense de baisser le bras gauche pour le reposer, de ne pas laisser trainer ledit manteau par terre ni devant les piés, crainte, en marchant dessus, de faire un faux pas & de tomber.

Si on se trouve fatigué du bras gauche, on peut le faire reposer en le laissant tomber à côté de soi, mais tenir le manteau un peu éloigné de la cuisse, faire une passe en-arriere & peu après se remettre en défense. Si on n'a pas assez de terrein pour faire cette basse, on peut appuyer le bras gauche contre sa hanche, tenir toujours l'épée en garde & parer vivement du cercle.

Il est aisé à un homme, qui sait bien se défendre avec l'épée & le poignard, de se servir du manteau, parce que cette défense exige un coup-d'œil juste & vif. En cas de besoin on pourroit aussi se défendre avec une canne & un manteau, contre une épée ; car après avoir paré le coup de pointe, avec ladite canne, dans le même tems serrer la mesure sur son ennemi sans quitter son épée & lui couvrir la tête avec ledit manteau. Pour faire cette opération, il faut avoir non-seulement une grande habileté & expérience dans les armes, mais aussi beaucoup de sens-froid, de fermeté & de résolution.

Il est aussi très-nécessaire de bien connoître la mesure pour se servir à-propos du manteau. Pour exécuter adroitement son coup, on doit donner un peu de jour à son adversaire, afin de l'engager à y tirer : alors sans nullement chercher sa lame avec l'épée, effacer le corps en-arriere, dans le même tems jetter le pendant du manteau sur sa lame, traverser promtement la ligne, & lui riposter ayant la main tournée en quarte.

Fig. 46. L'épée & lanterne combattue par l'épée & manteau.

PLANCHE XV.

Explication de la garde de l'épée & lanterne.

Quoiqu'on punisse très-sévérement ceux qui sont surpris l'épée à la main tenant une lanterne sourde, on ne laisse pas encore d'en rencontrer quelquefois. C'est pourquoi on a pensé qu'il ne seroit pas indifférent d'en donner l'explication & d'enseigner la maniere de s'en défendre. Ceux qui se servent de lanterne sourde, la cachent sous leur habit ou manteau, & lorsqu'ils ont dessein d'attaquer quelqu'un, ils l'ouvrent avant de tirer l'épée, la presentent devant eux, au-dessus de leur tête ou de côté en passant le bras par-derriere le dos, & changent de position à mesure que leur adversaire change de terrein.

S'il présente la lanterne par-devant & si l'on est muni d'une bonne épée, il faut couvrir avec le manteau le dedans des armes, donner un coup ferme en quarte sur la lame de l'adversaire & aussi-tôt un autre coup du tranchant de l'épée dans la lanterne en tenant la main en tierce. Le coup doit partir de la droite à sa gauche fans écarter le bras, car ce coup doit être donné depuis le poignet jufqu'au coude, afin d'être en état de tirer un coup au corps en tenant la main dans la même pofition, & de couvrir avec le manteau le dedans des armes.

S'il préfente la lanterne par-deffus la tête, il faut traverfer le terrein fur fa droite & gagner fur lui le dehors des armes & lui tirer des demi-bottes au vifage. S'il hauffe la pointe de fon épée, ferrer la mefure le corps baiffé & les deux mains hautes, en tenant la lame par-deffus le poignet gauche & manteau, faire une paffe du pié gauche, fans quitter fon épée ; alors fe fecourir du manteau, raccourcir un peu le bras droit pour débarraffer la pointe de l'épée ; & dans la pofition où la main fe trouve, tirer avec vivacité un coup à l'adverfaire.

S'il préfente la lanterne de côté ayant la main paffée par-derriere le dos, il faut traverfer la ligne au-dedans des armes, en tenant la main gauche & le manteau auprès de la mamelle droite, la main droite tournée en tierce, la pointe de l'épée dirigée à fon ventre, & dans le moment qu'il tire fon coup, au-lieu de le parer avec la lame, tendre le bras gauche, couvrir fa lame avec ledit manteau & lui ripofter au corps comme on peut le voir dans la *quarante-fixieme figure.*

Si l'adverfaire étoit matelaffé, ce qu'on connoîtra après lui avoir fourni au corps un coup fans effet, il faudroit lui tirer à la gorge, au vifage ou à la ceinture : car une perfonne, qui a affez peu de fentimens pour fe fervir d'une lanterne fourde dans une affaire particuliere, peut avoir auffi la lâcheté de fe plaftronner.

Obfervations fur l'exercice de l'efpadon.

L'efpadonneur a quatre coups principaux dans fon jeu, qui font les coups à la tête, au poignet, au ventre & au jarret.

Quelques-uns tirent leurs coups par un mouvement de l'épaule, du coude ou du poignet. Ils tiennent le bras roide & tendu, & préfentent toujours la pointe du fabre à l'adverfaire.

La premiere maniere de tirer par un mouvement de l'épaule fe fait en hauffant le bras & en faifant un grand cercle avec le fabre, afin d'avoir plus de force pour couper. Cette exécution, qui eft la pire de toutes, parce qu'elle eft la plus lente, donne un très-grand avantage à celui qui pointe ; car s'il eft attentif à ferrer la mefure dans le tems que l'efpadonneur hauffe le bras, il peut lui fournir un coup de pointe, ou bien après que le coup de fabre a été donné à vuide & qu'il l'a efquivé en effaçant le corps, il doit auffi-tôt ferrer la mefure & tirer le coup de pointe. Il eft certain que, fi l'efpadonneur ne trouve pas d'appui pour fon fabre au corps foit à la lame de celui qui pointe, fon coup lui reviendra par-derriere le dos, ou s'il donne fon coup du haut em-bas la pointe de fon fabre touchant par-terre court rifque d'être caffée. Mais quand aucune de ces deux chofes n'arriveroit pas, les mouvemens font fi grands & fi lents que celui qui fe fert de l'épée, trouvera toujours affez de jour pour toucher au corps, pour peu qu'il foit attentif à en profiter.

La feconde maniere de tirer par un mouvement du coude, fe fait en pliant beaucoup le coude. Celle-ci jette encore la main hors de la ligne tant en hauffant qu'en baiffant, donne auffi un avantage à celui qui pointe, mais pas fi grand que la premiere ci-deffus expliquée, parce que le fabre ne faifant pas un mouvement fi grand, le coup eft plus promt & plus couvert.

La troifieme qui eft de tirer par un mouvement du poignet, foit que le fabre faffe le cercle de la droite à la gauche, foit de la gauche à la droite, le poignet doit agir très-vivement, en forte que le coude & le bras ne s'écartent pas de la ligne du corps. L'efpadonneur pare ordinairement les coups de pointe avec le fort de fon fabre, & ripofte auffi-tôt en détachant avec le poignet un coup de tranchant : fon coup favori eft au-dehors des armes.

Fig. 47. Garde de l'efpadonneur marquée *A,* & la garde du pointeur en défenfe marquée *B.*

Les gardes des efpadonneurs font différentes, quelques-uns fe placent la main tournée en tierce, le bras ten-

du, la pointe dirigée au vifage, le corps un peu en avant, le genou gauche ferme & le genou droit plié. Il y en a qui tiennent le fort du fabre auprès de la hanche gauche & la pointe haute. Il en eft d'autres qui tournent la main en prime & tiennent la pointe baffe, enfin d'autres encore, qui plient le genou gauche, tiennent le corps en arriere & tournent la main en quarte.

Explication de la défenfe du pointeur contre l'efpadonneur.

La garde du pointeur contre l'efpadonneur marquée B, que l'on a placée ici, eft la plus couverte & la plus fûre pour fe défendre. Le point effentiel eft de connoître la mefure de telle pofition dans laquelle l'efpadonneur peut fe placer. Il faut fe préfenter hors de mefure, ne point avancer fa lame, fon poignet ni fon pié droit, mais auffi-tôt après avoir tiré l'épée, prendre avec la main gauche le bas de la bafque de fon habit, élever le bras gauche à la hauteur de l'oreille, afin de parer dans l'occafion les coups d'efpadon que l'adverfaire pourroit porter au-dedans des armes foit au vifage, foit au ventre ou à la tête.

On peut auffi parer le coup à la tête avec le fort de l'épée en tournant la main en tierce & en oppofant la lame prefqu'en traverfant la ligne : mais il faut que la pointe foit un peu plus haute que la garde de l'épée : fi-tôt le coup paré, ferrer la mefure d'une femelle, en pliant un peu le corps, ripofter par un coup de feconde, & redoubler le coup avant de fe remettre en défenfe.

On pare le coup au vifage tiré au-dehors des armes avec le fort de l'épée en tournant la main en demi-tierce & tenant la pointe droite. Le coup paré, il faut ripofter au vifage en quarte fur les armes, & redoubler promtement par un coup de feconde.

On pare le coup au ventre tiré au-dehors des armes en tenant la main en feconde, & l'on ripofte de même. Si l'on pare avec l'épée les coups tirés au-dedans des armes, par l'efpadonneur, il faut les parer de prime, traverfer dans le même tems la ligne au-dehors des armes, & lui ripofter en prime.

La plus fûre défenfe qu'on puiffe avoir contre l'efpadonneur, à mon avis, eft de ne pas s'intimider des mouvemens, demi-bottes ou attaques qu'il pourroit faire, d'efquiver les coups en effaçant le corps, de rompre la mefure de la longueur d'une femelle, de déranger fes deffeins par des attaques & demi-bottes.

Si fes mouvemens font ferrés, il faut être promt à la parade foit du fort de l'épée, foit de la bafque de l'habit, & en cas de befoin fe fervir des deux.

Si fes mouvemens font écartés, il faut fe déterminer, lui ferrer la mefure, en fe couvrant autant qu'il eft poffible avec l'épée & la bafque de l'habit, & lui fournir un coup où l'on voit jour à le toucher, fi le terrein n'eft pas affez uni pour chercher à le laffer foit en tournant fur fa droite ou fur fa gauche, foit en rompant la mefure, afin de profiter avec jufteffe d'un inftant favorable & de ne point rifquer de tirer le coup à vuide.

Il y a quelques efpadonneurs qui entre-mêlent leur jeu de coups de pointe, ce qu'on appelle *faire la contre-pointe ;* ils font feinte de vouloir donner un coup de tranchant de leur fabre & tirent un coup de pointe, & quelquefois après avoir paré, felon le jour qu'ils ont, ils ripoftent foit d'un coup de tranchant, foit de pointe.

Ce qu'on appelle *demi-efpadon* eft différent de l'efpadon en ce qu'il eft plus leger à la main & que la pointe n'eft pas relevée, comme celle des fabres l'eft ordinairement, ce qui eft caufe que, pour rendre la pointe légere, on fait la garde pefante.

Le demi-efpadon eft préférable à l'efpadon, pourvû qu'on s'en ferve avec jugement. Cette arme eft la meilleure fur-tout pour les troupes de cavalerie, lorfqu'elles chargent l'ennemi à l'arme blanche.

Fig. 48. Fleuret.
Fig. 49. Gant de bufle.
Fig. 50. Plaftron.
Fig. 51. Sandandale.
Fig. 52. Mafque, pour garantir les yeux.
Fig. 53. Baguette pour l'efpadon.

Pl. I.

Fig. 1.

Fig. 2.

Fig. 3.

Fig. 4.

Prevost Fecit

Escrime,

Pl. II.

Fig. 5.

Fig. 6.

Fig. 7.

Benard Fecit

Escrime,

Pl. III.

Fig. 8.

Fig. 9.

Fig. 10.

Prevost Fecit

Escrime.

Pl. IV.

Fig. 11.

Fig. 12.

Fig. 13.

Fig. 14.

Fig. 15.

Provost Fecit.

Escrime,

Pl. V.

Fig. 16.

Fig. 17.

Fig. 18.

Prevost Fecit

Escrime.

Fig . 19 .

Fig . 20 .

Fig . 21 .

Benard Fecit .

Escrime.

Fig . 22 .

Fig . 23 .

Fig . 24 .

Benard Fecit

Escrime,

Fig . 25 .

Fig . 26 .

Fig . 27 .

Benard Fecit

Escrime,

Fig . 28 .

Fig . 29 .

Fig . 30 .

Prevost Fecit.

Escrime.

Pl. X.

Fig. 31.

Fig. 32.

Fig. 33.

Benard Fecit.

Escrime,

Fig . 34 .

Fig . 35 .

Fig . 36 .

Prevost Fecit

Escrime.

Fig . 37 .

Fig . 38 .

Fig . 39 .

Benard Fecit .

Escrime .

Pl. XIII.

Fig. 40.

Fig. 41.

Fig. 42.

Prevost Fecit.

Escrime.

Fig . 43 .

Fig 44 .

Fig . 45 .

Prevost Fecit

Escrime .

Pl. XV.

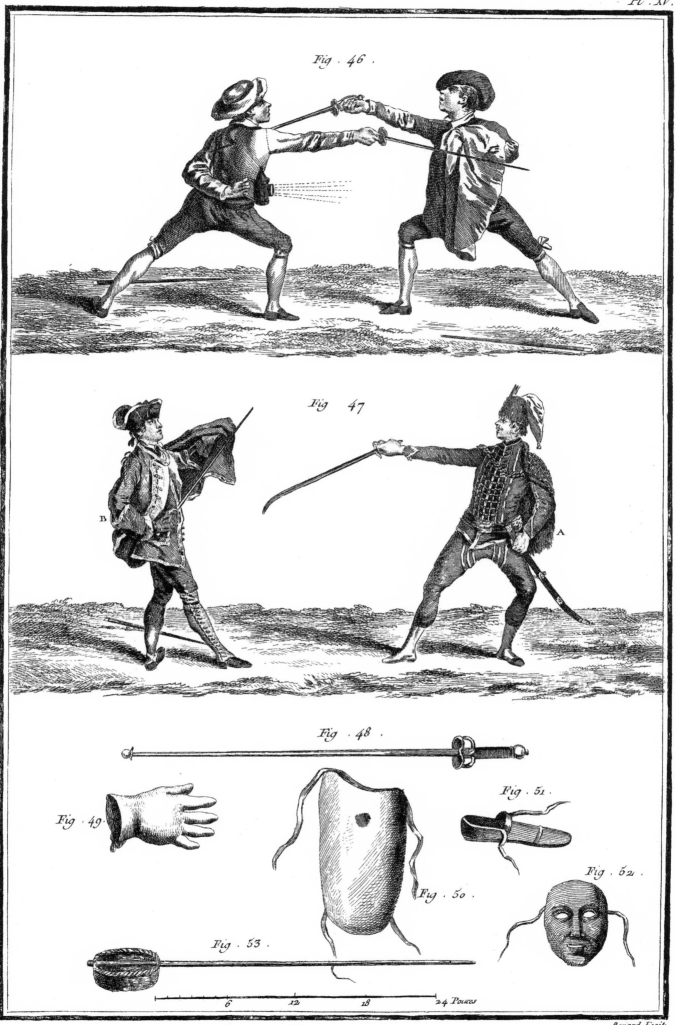

Fig. 46.

Fig. 47

Fig. 48.

Fig. 49.

Fig. 50.

Fig. 51.

Fig. 52.

Fig. 53.

6   12   18   24 Pouces

Benard Fecit.

Escrime

FOURBISSEUR.

CONTENANT DIX PLANCHES.

VIGNETTE.

Fig. 1. Ouvrier qui cifele une garde d'épée.
2. Ouvrier qui damafquine une garde d'épée.
3. Autre ouvrier tenant une épée toute montée.
4. Un particulier effayant la lame d'une épée.

Dans l'attelier font repréfentés plufieurs fortes d'ouvrages, comme fabres, couteaux-de-chaffe, épées, hallebardes, &c.

PLANCHE Iere.

Le haut de cette Planche repréfente une boutique de fourbiffeur expofée fur le devant, dans laquelle plufieurs perfonnes font occupées, un ouvrier en *a* à travailler, une femme en *b* dans fon comptoir, à vendre, & un marchand en *c*, à acheter.

Fig. 1. Lame en fer prête à recevoir une lame d'acier; A A en eft la fente.
2. A A la lame d'acier.
3. A A la lame en fer. B B la lame d'acier.
4. Maffue. A la tête armée de pointes. B le manche.
5. Maffe. A la tête de fer. B le manche.
6. Autre maffe. A la boucle de bois ou de fer. B la corde. C le bâton.
7. Autre maffe. A la boucle armée. B l'anneau. C la chaîne. D autre anneau. E le bâton. F le manche.
8. Hache d'arme. A A le fer. C le petit marteau. D la pointe. F le bâton.
9. Autre hache d'arme. A A le fer. B la pointe. E le bouton. F le bâton. G le manche.
10. Bâton ferré. A le bâton. B B la pointe de fer.

PLANCHE II.

Fig. 11. Pique. A le bâton. B le fer. C la virole à pointe.
12. Demi-pique. A A bâton. A le fer. B le gland. C la virole à pointe.
13. Lance. A le fer. B le manche.
14. Javeline. A le fer. B le manche. C la virole.
15. Javelot. A le fer. B le manche.
16. Fleche dite *garro* ou *quarreau*. A le fer. B la verge. C les pennons.
17. Fleche, dite *vireton*. A le fer. B la verge. C les pennons.
18. Arc. A la poignée. B B les extrémités. C la corde.
19. Dague. A le fer. B le manche.
20. Poignard. A le fer. B le manche.
21. Autre poignard. A le fer. B le manche.
22. Epée en bâton. A la lame. B le manche.
23. Braquemart. A la lame. B le manche.
24. & 25. Efpadons. A A les lames. B B les poignées. C C les gardes.
26. Cimeterre. A le fer. B la poignée. C la garde.
27. Coutelas. A le fer. B la poignée. C la coquille.

PLANCHE III.

Fig. 28. Pertuifane. A le fer. B B la hache à pointe. C le bâton. D les rubans & glands. E la douille à pointe.
29. Hallebardes. A le fer. B la hache. C la pointe. D la douille. E le bâton. F la virole à pointe.
30. Epieux. A le fer. B la douille. C le bâton. D la virole.
31. Sponton ou efponton. A le fer. B la douille. C le bâton. D la virole à pointe.
32. Bayonnette. A la lame. B l'échancrure. C la douille. D le fufil.
33. 34. & 35. Sabres. A la lame. B la poignée. C le pommeau. D la coquille. E la branche.

N. 13. Fourbiffeur.

36. 37. 38. 39. & 40. Couteaux-de-chaffe. A la lame. B la poignée. C le pommeau. D la coquille.

PLANCHE IV.

Fig. 41. 42. 43. & 44. Epées. A la lame. B la poignée, C le pommeau. D la coquille. E & F la branche.
45. & 46. Fleurets. A la lame. B le bouton. C la poignée. D le pommeau. E la coquille.
47. Poignée de garde d'épée. A la lame de cuivre, d'or ou d'argent. B le fil de même métal. C D les viroles en chaîne.
48. Viroles de garde.
49. Pommeau de garde. A la pomme. B la garde. C la bafe. D le bouton.
50. Branche de garde. A la tige. B B les branches à croiffant. C la branche à bouton. D la branche en demie-ellipfe. E l'amande. F le crochet.
51. Coquille de garde.
52. Soie de lame d'épée. A A la foie.
53. Fourreau de fabre ou de couteau-de-chaffe. A le côté de la garde.
54. Fourreau d'épée. A le côté de la garde.
55. Crochet d'épée. A la virole. B le crochet.
56. Bout d'épée.

PLANCHE V.

Fig. 57. Lame d'épée à quatre quarres. A A les tranchans fimples.
58. Autre lame d'épée à quatre quarres. A A les tranchans cannelés.
59. Lame d'épée applatie. A le plat de l'épée. B B les tranchans fimples.
60. Autre lame d'épée applatie. A le plat de l'épée. B B les tranchans cannelés.
61. Lame d'épée creufée à angle aigu. A le creux. B B tranchans fimples.
62. Autre lame d'épée creufée en cannelure. A la cannelure. B B les tranchans cannelés.
63. Lame d'épée creufée en plate. A le creux. B B le plat. C C les tranchans fimples.
64. Lame d'épée creufée en cannelure. A la cannelure. B B le rond ou plat. C C les tranchans cannelés.
65. Lame d'épée à trois quarres, fimple. A le renfort.
66. Autre lame d'épée à trois quarres, cannelée. A le renfort.
67. Lame d'épée à trois quarres, cannelée. A la cannelure ronde.
68. Lame d'épée à trois quarres, cannelée. A la cannelure à angle aigu.

PLANCHE VI.

Fig. 69. & 70. Lame de fabre droite. A A le tranchant évidé.
71. & 72. Lame de fabre coudé. A A le tranchant cannelé.
73. & 74. Lame de fabre très-courbe. A A la forme en baluftre. B B la cannelure.
75. & 76. Lame de fabre ou coutelas. A A la cannelure.
77. & 78. Lame de cimeterre. A A les trois quarres cannelés. B la pointe élargie.
79. & 80. Lame de couteau-de-chaffe. A A le taillant évidé.
81. & 82. Lame de couteau-de-chaffe courbe. A B tranchant fimple. B C tranchant double.
83. & 84. Lame de petit couteau-de-chaffe. A A tranchant fimple.
85. & 86. Lame de petit couteau-de-chaffe courbe. A A la cannelure.
87. & 88. Lame de poignard droit, quarré & cannelé.

89. & 90. Lame de poignard droit à trois quarres. A A le tranchant cannelé. B la cannelure du dos.

PLANCHE VII.

Le haut de la Planche repréfente un moulin à fourbir les lames, compofé de différentes meules mues par le courant d'une riviere, fur lefquelles plufieurs ouvriers font occupés à fourbir.

Le bas de la Planche repréfente différens développemens de cette machine.

Fig. 1. Grande roue, petite roue & poulie. A le moyeu de la grande roue. B l'arbre. C C les rayons. D D le cercle, E & F les cannelures. G G le cordage de la grande roue. *g g* le cordage de la petite roue. H H les cannelures de la petite roue. I fon moyeu. K la poulie. L le trou du centre.

2. Arbre de la grande roue. A la piece de fer quarrée. B la platine à demeure. C la platine ambulante. D le trou de clavette. E E les tourillons. F la douille quarrée. G l'extrémité d'un arbre de meule.

3. & 4. Meules de pierre.

5. Meule de bois.

PLANCHE VIII.

Des outils.

Fig. 1. Tas. A la tête. B le billot.

2. Bigorne. A la tige. B la bigorne quarrée. C la bigorne ronde. D leur bafe. E le billot.

3. Étaux. A B les tiges. C les mors. D D les yeux. E le pié. F les jumelles. G le reffort. H la boîte. I la vis. K la manivelle. L la bride double. M la bride fimple. N la clavette.

4. & 5. Marteaux. A la tête. B la panne. C le manche.

6. Marteau à deux têtes. A A les têtes. B le manche.

7. Marteau à cifeler. A la tête. B la panne. C le manche.

8. Maillet à panne. A la tête. B la panne. C le manche.

9. Maillet à deux têtes. A A les têtes. B le manche.

10. & 11. Burins. A le taillant. B la tête.

12. & 13. Bec-d'âne. A le taillant. B la tête.

14. & 15. Langue de carpe ou gouge. A le taillant. B la tête.

16. & 17. Poinçons rond & méplat. A le poinçon. B la tête.

18. 19. & 20. Matoir quarré, rond, & méplat. A le matoir. B la tête.

21. 22. 23. 24. & 25. Cifelets. A le cifelet. B la tête.

PLANCHE IX.

Fig. 26. 27. & 28. Chaffe-pommeaux avec échancrures,

quarrés, ronds, & triangulaires. A A les échancrures.

29. Gratoir. A la tête. B le manche.

30. & 31. Pointes à tracer. A A les pointes.

32. Villebrequins. A l'équarriffoir. B la douille. C D les coudes. E le manche à touret. F le manche à virole.

33. 34. & 35. Equarriffoirs, quarré, exagone, & octogone. A la tige. B la tête.

36. 37. & 38. Equarriffoirs emmanchés, quarrés, exagones & octogones. A la tige. B le manche.

39. Mandrins debout. A la pointe. B la tête.

40. & 41. Mandrins de crochet. A la pointe. B la tête.

42. Mandrins de garde. A la pointe. B la tête.

43. 44. 45. 46. & 47. Limes d'Allemagne à pointes. A les limes. B les manches.

48. & 49. Bruniffoirs droits & coudés. A les bruniffoirs. B les manches.

50. 51. 52. 53. & 54. Limes à queues. A les limes. B les queues.

PLANCHE X.

Fig. 55. & 56. Limes en rapes. A les rapes. B les manches.

57. 58. 59. & 60. Riflards en lime.

61. Riflard en rape.

62. Tenailles de bois. A A les jumelles. B B les mors. C la virole. D la calle.

63. & 64. Tenailles à vis. A A les mors. B la charniere. C C les yeux. D la vis. E l'écrou à oreille. F le reffort.

65. 66. & 67. Pinces. A A les mors. B la charniere. C C les branches de la virole.

68. Cifailles. A A les mors. B la charniere. C C les branches.

69. Fraife. A la fraife. B la tête. C la boîte.

70. Foret. A le foret. B la tête.

71. & 72. Archet. A la corde. B l'arçon. C le manche.

73. Palette. A la palette. B le manche. C la piece de fer.

74. Filiere. A la filiere. B le manche.

75. Scie à refendre. A le fer. B le chaffis. C le manche.

76. Bloc de plaque. A le bloc. B la vis.

77. Vis de bloc de plaque. A la tige. B la tête. C la vis. D l'écrou à oreille.

78. Bloc de corps. A le bloc. B l'étrier à vis. C la brochette.

79. Etrier de bloc de corps. A A les yeux. B B les coudes. C l'écrou. D la vis. E l'œil de la vis. F plaque à pointe.

80. Brochette. A le coude. B la tige.

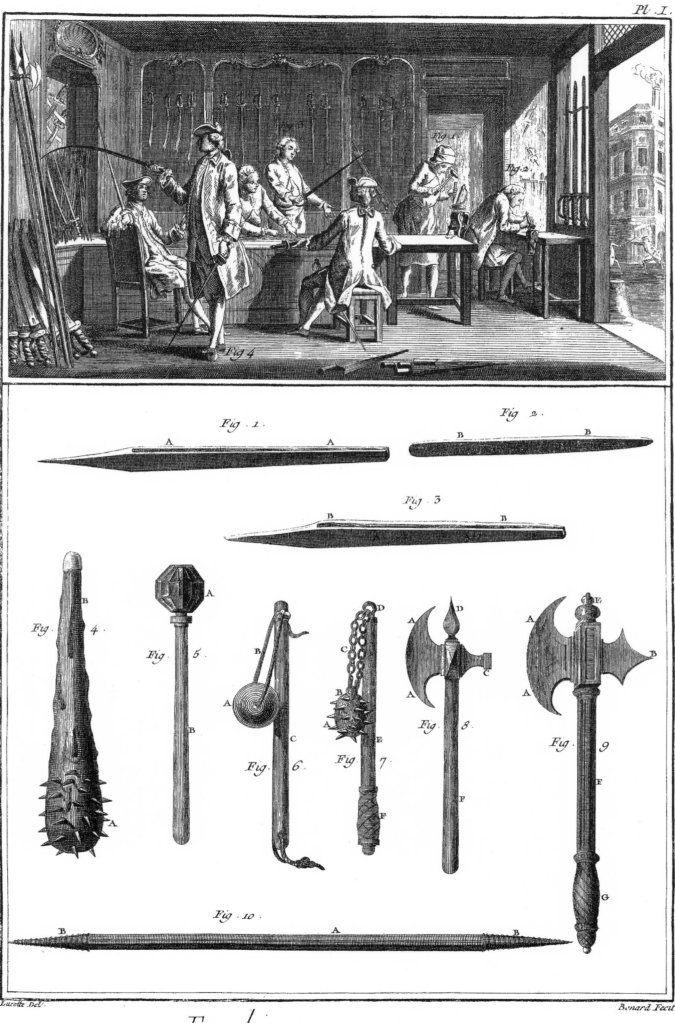

Pl. I.

Fig. 4

Fig. 1.

Fig. 2.

Fig. 3.

Fig. 4.

Fig. 5.

Fig. 6.

Fig. 7.

Fig. 8.

Fig. 9.

Fig. 10.

Lucotte Del.

Benard Fecit.

Fourbisseur, Armes anciennes.

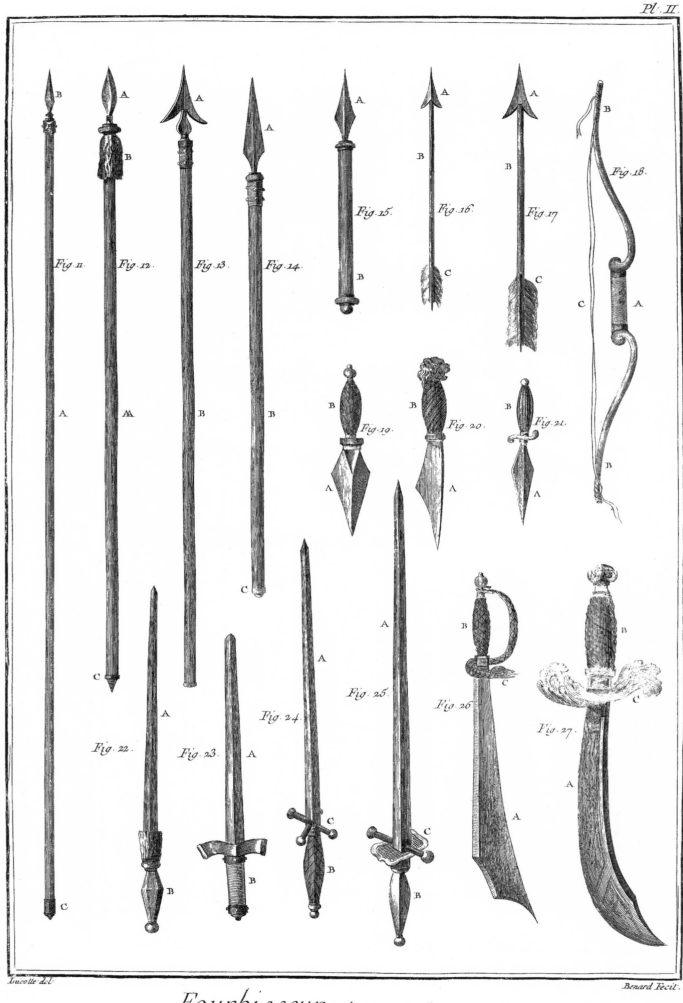

Pl. II.

Fourbisseur, *Armes anciennes.*

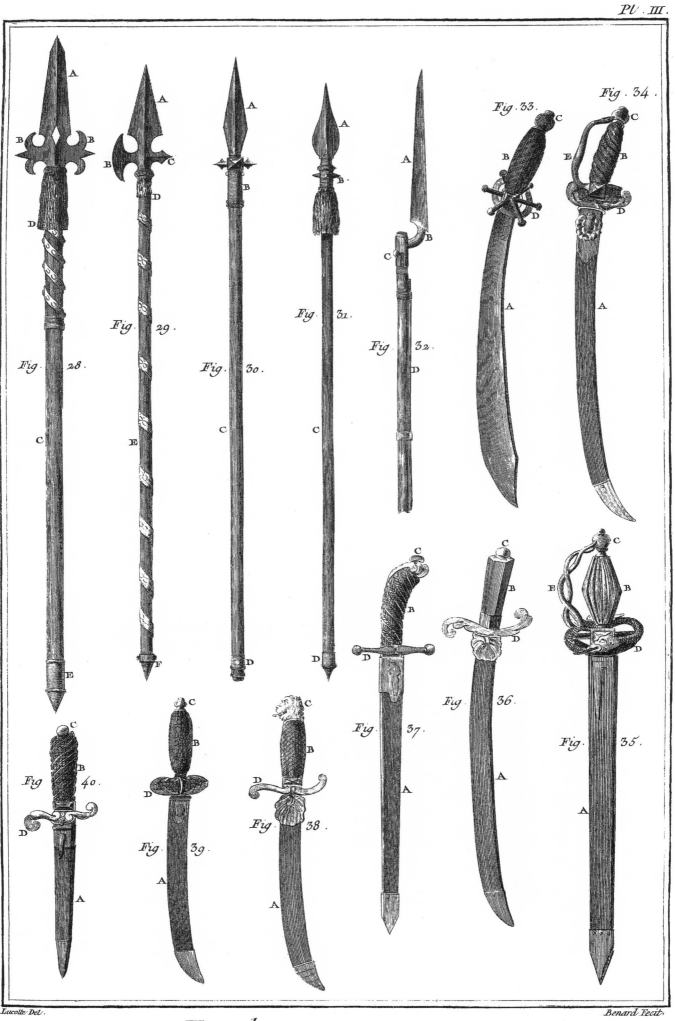

Pl. III.

Fig. 28. Fig. 29. Fig. 30. Fig. 31. Fig. 32. Fig. 33. Fig. 34.

Fig. 40. Fig. 39. Fig. 38. Fig. 37. Fig. 36. Fig. 35.

Lucotte Del.

Benard Fecit.

Fourbisseur Armes Modernes.

Pl. IV.

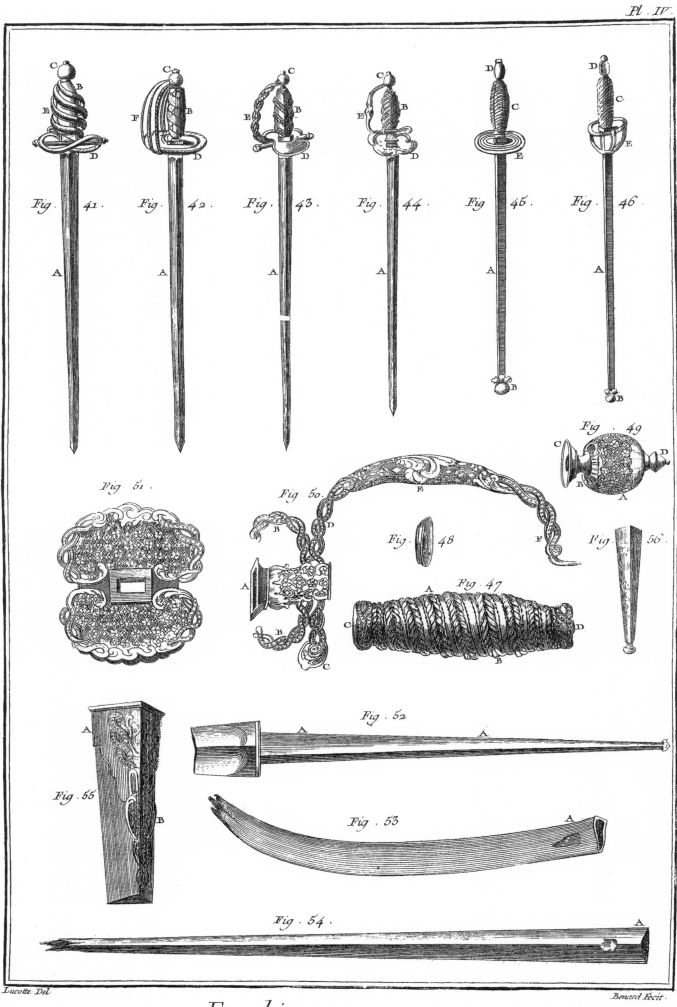

Fig. 41.

Fig. 42.

Fig. 43.

Fig. 44.

Fig. 46.

Fig. 46.

Fig. 49.

Fig. 51.

Fig. 50.

Fig. 48.

Fig. 56.

Fig. 47.

Fig. 55.

Fig. 52.

Fig. 53.

Fig. 54.

Lucotte Del.

Benard Fecit.

Fourbisseur, *Armes Modernes*.

Pl. V.

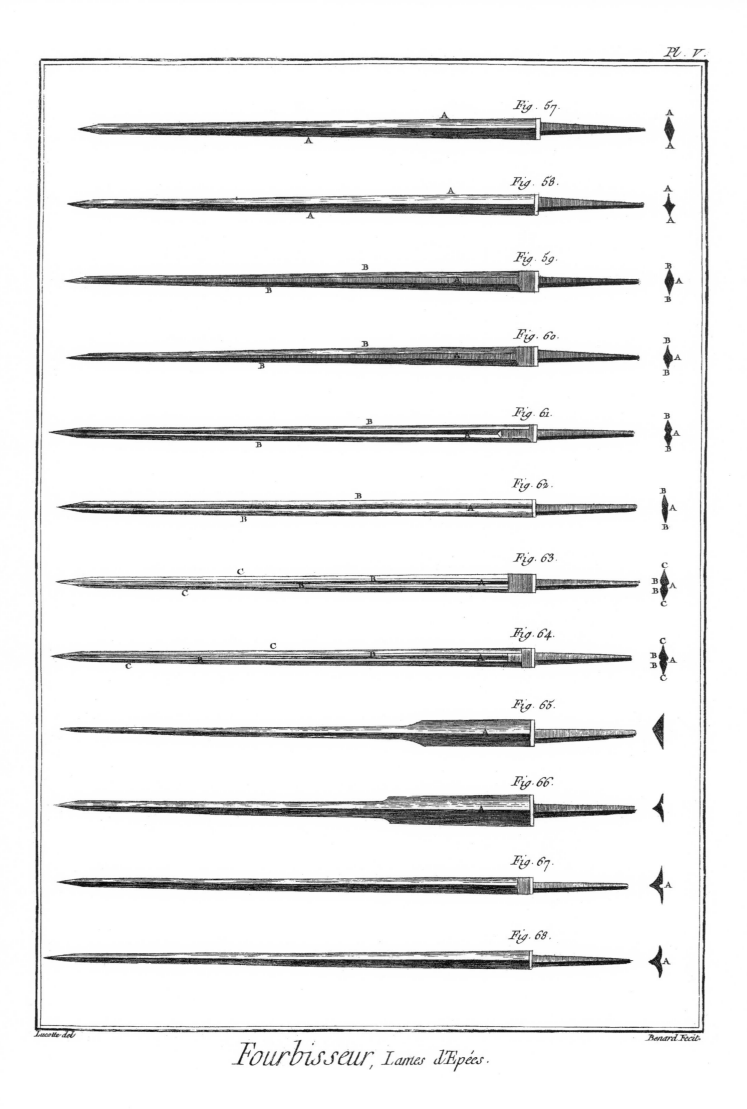

Fig. 57.

Fig. 58.

Fig. 59.

Fig. 60.

Fig. 61.

Fig. 62.

Fig. 63.

Fig. 64.

Fig. 65.

Fig. 66.

Fig. 67.

Fig. 68.

Lucotte del.

Benard Fecit.

Fourbisseur, Lames d'Epées.

Pl. VI.

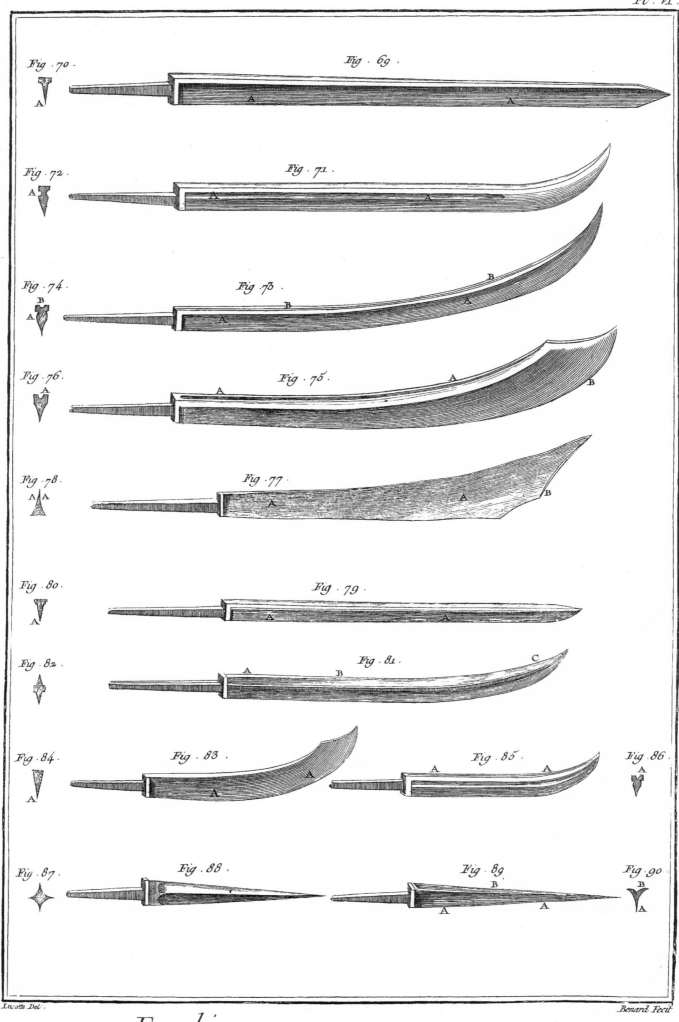

Fig. 70. Fig. 69. Fig. 72. Fig. 71. Fig. 74. Fig. 73. Fig. 76. Fig. 75. Fig. 78. Fig. 77. Fig. 80. Fig. 79. Fig. 82. Fig. 81. Fig. 84. Fig. 83. Fig. 85. Fig. 86. Fig. 87. Fig. 88. Fig. 89. Fig. 90.

Lucotte Del.

Benard Fecit.

Fourbisseur, Lames de Sabre et de couteaux de Chasse.

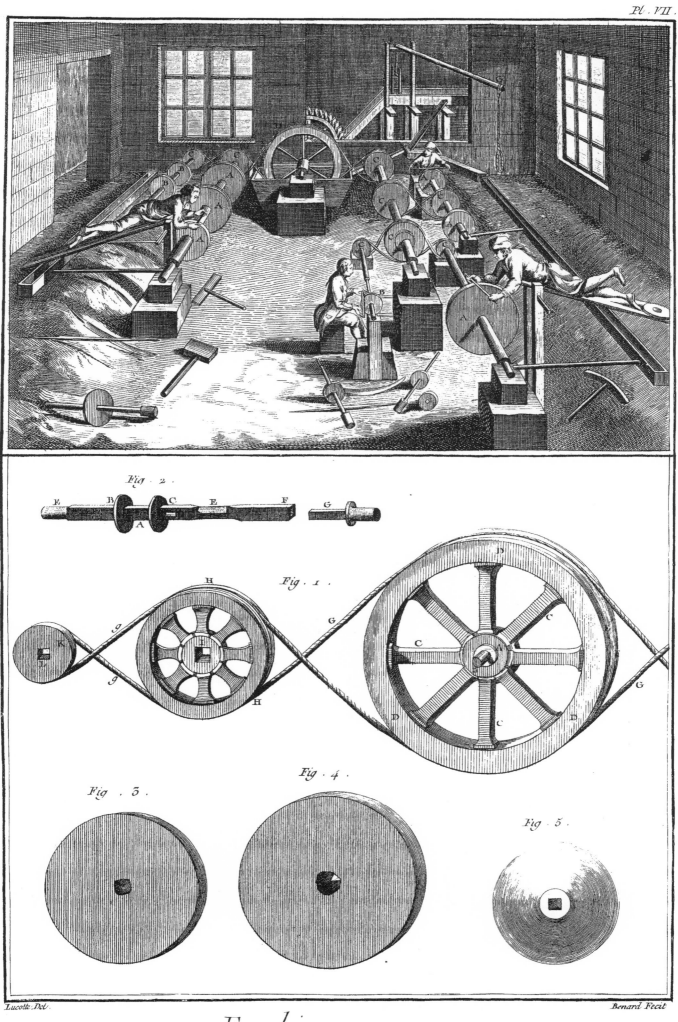

Pl. VII.

Fig . 2 .

Fig . 1 .

Fig . 3 .

Fig . 4 .

Fig . 5 .

Lucotte Del.

Benard Fecit.

Fourbisseur, *Machine à Fourbir*.

Pl. VIII.

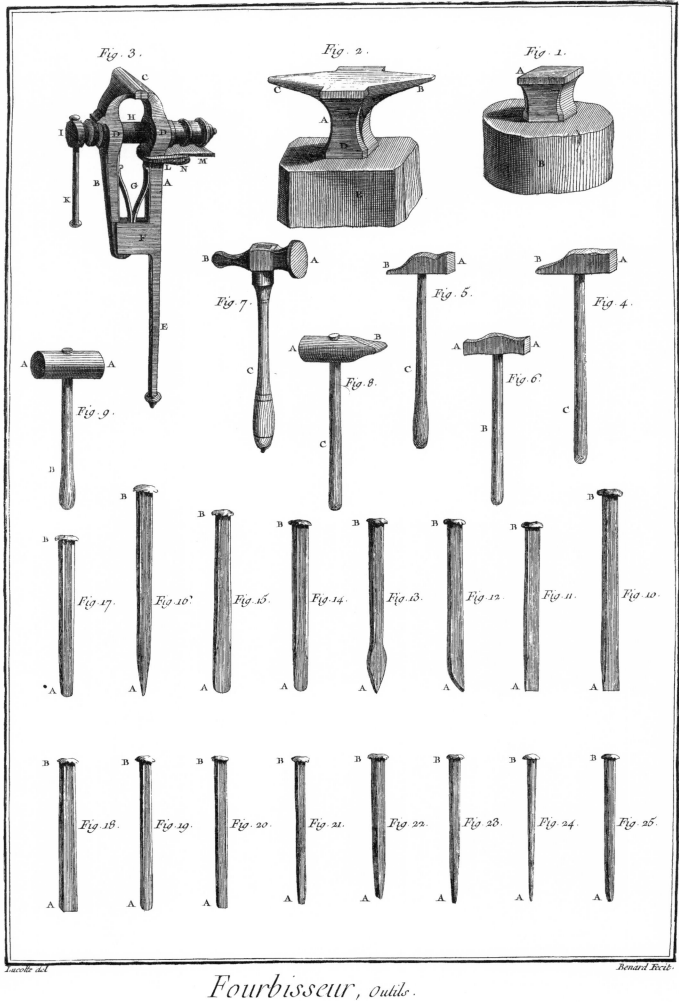

Fig. 3. Fig. 2. Fig. 1. Fig. 7. Fig. 5. Fig. 4. Fig. 8. Fig. 6. Fig. 9. Fig. 17. Fig. 16. Fig. 15. Fig. 14. Fig. 13. Fig. 12. Fig. 11. Fig. 10. Fig. 18. Fig. 19. Fig. 20. Fig. 21. Fig. 22. Fig. 23. Fig. 24. Fig. 25.

Lucotte del.

Benard Fecit.

Fourbisseur, Outils.

Pl. IX.

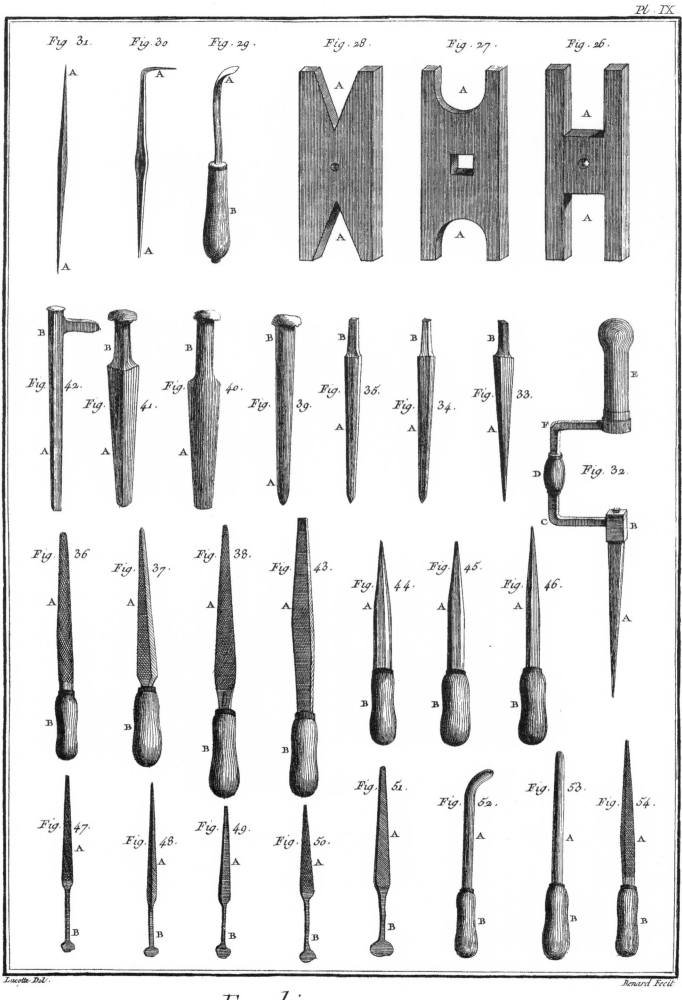

Fig. 31.   *Fig. 30.*   *Fig. 29.*   *Fig. 28.*   *Fig. 27.*   *Fig. 26.*

Fig. 42.   *Fig. 41.*   *Fig. 40.*   *Fig. 39.*   *Fig. 35.*   *Fig. 34.*   *Fig. 33.*   *Fig. 32.*

Fig. 36.   *Fig. 37.*   *Fig. 38.*   *Fig. 43.*   *Fig. 44.*   *Fig. 45.*   *Fig. 46.*

Fig. 47.   *Fig. 48.*   *Fig. 49.*   *Fig. 50.*   *Fig. 51.*   *Fig. 52.*   *Fig. 53.*   *Fig. 54.*

Lucotte Del.

Benard Fecit.

Fourbisseur Outils.

Pl. X.

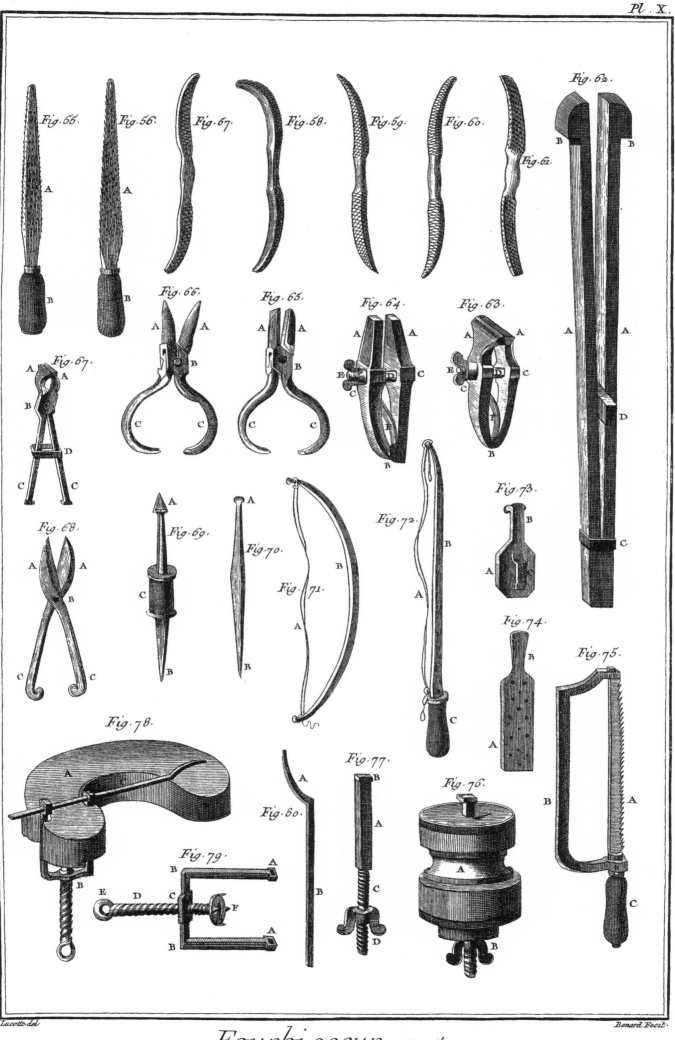

Fig. 55. Fig. 56. Fig. 57. Fig. 58. Fig. 59. Fig. 60. Fig. 61. Fig. 62.

Fig. 66. Fig. 65. Fig. 64. Fig. 63.

Fig. 67. Fig. 68. Fig. 69. Fig. 70. Fig. 71. Fig. 72. Fig. 73. Fig. 74. Fig. 75.

Fig. 78. Fig. 77. Fig. 76. Fig. 79. Fig. 80.

Fourbisseur, outils.

Lucotte del.

Benard Fecit.

Achevé d'imprimer
par MAME Imprimeurs à Tours
Dépot légal : Mars 2002